U0685815

"十四五"职业教育国家规划教材

实用与休闲体育

（第三版）

姜 君 主 编

徐 元 刘 宁 副主编

国家开放大学出版社·北京

图书在版编目（CIP）数据

实用与休闲体育／姜君主编．—3版．—北京：国家开放大学出版社，2021.9（2023.8 重印）

ISBN 978-7-304-10960-8

Ⅰ.①实… Ⅱ.①姜… Ⅲ.①休闲体育-职业教育-教材 Ⅳ.①G811.4

中国版本图书馆 CIP 数据核字（2021）第 178419 号

版权所有，翻印必究。

"十四五"职业教育国家规划教材

实用与休闲体育（第三版）

SHIYONG YU XIUXIAN TIYU

姜 君 主编

徐 元 刘 宁 副主编

出版·发行：国家开放大学出版社

电话：营销中心 010-68180820　　　总编室 010-68182524

网址：http://www.crtvup.com.cn

地址：北京市海淀区西四环中路 45 号　邮编：100039

经销：新华书店北京发行所

策划编辑：戈 博　　　　　　　　版式设计：何智杰
责任编辑：夏 亮　　　　　　　　责任校对：吕昀羲
责任印制：武 鹏 马 严

印刷：廊坊十环印刷有限公司
版本：2021 年 9 月第 3 版　　　　2023 年 8 月第 3 次印刷
开本：787mm×1092mm　1/16　　印张：11　字数：260 千字

书号：ISBN 978-7-304-10960-8
定价：36.00 元

（如有缺页或倒装，本社负责退换）
意见及建议：OUCP_ZYJY@ouchn.edu.cn

职业教育在实施科教兴国和人才强国战略中具有特殊而重要的地位，国家对此一贯高度重视。学校体育有助于培养全面发展、身心健康的高素质人才，是科学发展体育的必由之路。中共中央、国务院《关于深化教育改革全面推进素质教育的决定》中明确指出："健康体魄是青少年为祖国和人民服务的基本前提，是中华民族旺盛生命力的体现。学校教育要树立健康第一的指导思想，切实加强体育工作。"

本教材以"健康第一"为指导思想，突出实用性和休闲性，重视对学生终身体育观的培养。针对不同专业学生，本教材指出不同职业所需体能的要求，具体列出不同职业的休闲健身方法，突出高职体育的特点。

本教材的理论部分力求通俗易懂，体现趣味性；实践部分力求简明易学，体现实用性。本教材概括起来具有以下特点：

1. 理念先进

本教材根据"以学生为主体"的理念，注重培养学生的实际运动能力和体育锻炼习惯，使学生根据兴趣和爱好，能够掌握一到两项运动技能，达到增强体质、促进健康的目的。

2. 实用性强

本教材健身方法简明易学，选编运动项目时注重实用性。

3. 结构合理

本教材内容设计明晰，有助于学生自主学习。学生可以以时间为顺序，根据自身实际选择学习内容，也可根据不同专业特点，选择自己所需的健身方法，弥补了传统教材笼统、概括的不足。

4. 突出职业性

本教材立足于高职教材范围，突出高职体育特点和学生特点，具体列举了适合高职学生参与的体育锻炼的方法和技巧。

本教材由姜君主编。编写人员分工如下：辽宁装备制造职业技术学院副教授姜君编写第四章、第六章，辽宁装备制造职业技术学院讲师刘宁编写第二章、第三章3.2、第五章5.1，辽宁装备制造职业技术学院讲师徐元编写第一章、第七章、第八章，辽宁装备制造职业技术学院讲师金鑫编写第九章，辽宁装备制造职业技术学院讲师张帅编写第五章5.2，辽宁装备制造职业技术学院讲师栾洋编写第五章5.4，辽宁装备制造职业技术学院讲师崔明编写第五章5.3，辽宁装备制造职业技术学院讲师王天雍编写第三章3.1。全书最后由姜君统稿。

在本教材的编写过程中，编者参阅了大量资料，在此向这些资料的原作者致谢。

由于编者水平有限，错误和疏漏在所难免，恳请广大师生和专家对本教材提出宝贵意见及建议，以便我们今后修正，使教材不断提高和完善。

编　者

CONTENTS **目 录**

第一章

体育与人生永伴随

▶ **本章学习提示**

1. 树立体育与人生永伴随的观念。
2. 上学阶段，同学们通过哪些途径接触体育？
3. 参加工作后，人们以何种形式参与体育？
4. 体育不仅可以参与，也可以观赏。

1.1 实用体育

1.1.1 体育就在你身边

体育对于每个人来说，都是再熟悉不过的事情了。因为人天生就是热爱体育的，人的所有行动都与体育有着不可分离的关系，人生的每个阶段都与体育相伴。婴儿哭、笑甚至吃奶的时候，都会有伸胳膊、蹬腿、转头、握拳等伴随动作（不去考虑产生这样伴随动作的医学原理，单从婴儿外在身体表现看），昭示了人在婴儿时就有运动的欲望。进入幼儿园和小学后，孩子们最喜欢做游戏，相互追逐，登高跳下，种种场面均显示了体育的魅力。到了中学或大学阶段，学生们往往会喜欢某项运动，经常在运动场上彼此较量，相互比拼，体验着体育运动带来的快感。上班工作后，人们也会通过各种途径参与体育锻炼，丰富业余生活。当代的老年人更是注重体育对人体健康的促进作用，公园里到处都有老年人结伴运动的身影。

对于我们大学生来说，了解一些实用的体育知识是十分必要的，既可以为锻炼身体寻找方法与途径，又可以培养参与运动的兴趣，终身获益。

体育是培养和完善人的一种有意识的活动或过程，体育所借助的手段一般被称为身体活动或运动。体育不仅是通过身体进行的教育，也必须是针对身体所进行的教育。

1.1.2 体育的分类

根据体育的参与人群、目的、作用及对社会的影响，体育可以分为学校体育、社会体育和竞技体育三个方面。学校体育、社会体育和竞技体育是现代体育的三大组成部分。三者有着明显的共性与区别。

共性：三者的发展与国家和地区的地理位置、经济发展程度、社会环境和民族传统等因素相关。例如在寒冷地区，冰雪运动被运用在学校体育教学中，普及于大众体育锻炼之中，体现在竞技运动的高水平上。国家的强盛与经济的繁荣，会带来先进的学校体育氛围、普及大众的体育环境，以及较高的竞技水平。

区别：每一部分都从某个侧面来反映体育的本质、特征和功能。学校体育的实施场所在各级各类学校，主要手段为体育教学，主要目的在于知识、技能、方法、道德的传授和培养，其教育性最为突出；社会体育的实施场所极为广泛和灵活，它的主要手段为身体娱乐和身体锻炼，其主要目的是休闲娱乐和强身健体，社会体育更多地出现于正规的教学、训练和工作以外的余暇时间里，因而业余性最为突出；竞技体育的实施场所主要在各类运动场上，其主要手段为运动训练和竞赛，其专业性和竞技性与其水平的不断提高分不开。竞技体育的目的不仅仅表现为夺取奖牌，更表现在对人类不断超越自我的竞争意识的培养上。

以下分别介绍这三个方面的内容。

1. 学校体育

学校体育是其他教育的基础，是现代教育的组成部分，是培养学生精神文明的重要内容与手段，也是实现终身健身的重要途径。

随着社会的不断发展，根据体育科学化、社会化、娱乐化和终身化的需要，从发展的视角考虑，现代学校体育不仅要注意增强学生体质的实际效益，还必须着眼于将来学生对"享受"和"发展"的需要，即重视包括生理、心理及社会等因素在内的综合效果，力求在满足个人体育兴趣和爱好、启发主动参与体育意识、讲究体育锻炼的科学性、不断提高欣赏水平，以及创造条件为国家输送和培养竞技体育人才等方面作出贡献，以适应21世纪开拓型人才对精神、体质、文化生活日益增长的需要。

学校体育包括体育课、专项俱乐部或社团、运动会、单项体育比赛、早操、课间操等。

2. 社会体育

社会体育亦称大众体育，是指为达到强身健体、医疗保健和休闲娱乐等目的而进行的内容广泛、形式多样的体育活动。由于它吸引的对象为广大民众，其中包括男女老少及伤病残者，活动领域遍及整个社会，所以堪称活动内容最广、表现形式多样、适应性较强、参与人数最多的群众性体育活动。

社会体育是学校体育的延伸，是终身体育观念的具体落实，可使人们参与体育运动的热情得以延续，从而健康常伴，受益终身。

3. 竞技体育

竞技体育是指为了最大限度地发挥和提高人体在体格、体能、心理和运动能力方面的潜力，为取得优异竞赛成绩而进行的科学、系统的训练和竞赛活动。竞技体育被认为是在高水平竞争中，以夺取优胜为目标，对人体的运动能力极限进行生理和心理上的突破，进而实现最大限度开发人的竞技运动能力的教育过程。由于竞技场面具有观赏性、鼓舞性，运动员刻苦训练的过程具有教育性，因此竞技体育在活跃社会文化生活，振奋民族精神，激励年青一代，促进人民之间友谊和团结等方面发挥着特殊的教育作用。

1.2 现在接触的体育——学校体育

1.2.1 娱乐放松的课程——体育课

大家回顾几个问题：从上小学起，你一直上的课程是什么？什么课最轻松、没有作业？什么课始终和"玩"联系在一起？什么课的内容能使你直到老年也在实践应用？什么课是学习与实践完全同步进行的？我相信大家的回答一定是——体育课。

再设想一下，如果学校没有操场，没有体育课，没有体育设施，大家一直坐在教室里学习，会是什么样的情形呢?

为什么体育课有如此重要的地位，永远伴随着我们的学校生活呢?

体育运动能够对人体的外形、内脏和精神层面起到良好的作用。在人体外形方面，能促进骨骼增长，使肌肉匀称、美观，皮肤有弹性。在内脏方面，能促进内脏器官改善和机能提高，使心脏搏动有力、肺活量增大、新陈代谢旺盛。体育运动对人的精神状态更是可以起到积极的促进作用，可以改善和提高中枢神经系统能力，培养克服困难的品质。

体育课不仅具有促进人体健康的功能，还可以使学生掌握多种运动方法，了解体育项目，享受到在欣赏体育运动时带给人们的愉悦感。

体育课可以使学生在大自然的拥抱下享受学习的乐趣，在与老师和同学的交流与沟通中掌握体育知识，增强组织纪律性，培养学生勇敢、进取的精神，树立良好的体育作风。体育课是学校教育的重要组成部分，是高等学校的一门公共必修课。

=== 案例 ===

辽宁装备制造职业技术学院体育课采用选项式体育教学模式，有腰旗橄榄球、篮球、足球、软式排球、健美操、太极拳、轮滑七种项目供学生选择。在每学期初，同一上课时间段的学生可以选择自己喜欢的项目进行为期一个学期的体育课学习，体现了以学生为主体的思想。具有相同爱好的学生可以组成专项班，这样的教学模式扩大了班级内交流的小圈子，使不同班级、不同系的学生能够通过体育课相互认识，成为朋友，促进了校园氛围的和谐。

本着以学生为中心、培养学生参与体育运动兴趣的原则，辽宁装备制造职业技术学院在辽宁省首先开展了美式腰旗橄榄球选修课。通过体育课的学习，学生亲身参与感受美式腰旗橄榄球运动，不仅接受了新知识、新项目，更增加了对体育课的兴趣。

1.2.2　不同兴趣爱好的群体——专项俱乐部或社团

专项俱乐部或社团是指以体育练习者自觉结合为基础，以学校的运动场馆为依托，围绕着某一运动项目，定期进行运动训练或比赛，以俱乐部的组织形式将健康体育、运动队训练、群体竞赛、娱乐活动等融为一体的体育课外活动团体。

专项俱乐部或社团是体育课的补充和外延，能够满足不同学生的爱好和需求，增加学生参与体育运动的时间，使其结交更多有相同爱好的朋友，促进人与人之间的沟通，为大学生活增添难忘的回忆。

专项俱乐部或社团成员在教师指导或相互探讨竞技过程中，能够增强对单项运动知识的了解，提高运动竞技水平。

1.2.3　运动会、各单项体育比赛

运动会、各单项体育比赛是学校课余体育活动的重要组织形式。通过运动会、各单项体育比赛，可以振奋师生的精神，调动师生锻炼身体的自觉性，提高运动技术水平;可以检查教学训练工作，总结经验、促进提高，使学校体育工作进一步广泛深入地开展。

1.2.4　早操、课间操

早操是学生在清晨起床后所进行的体育锻炼。通过早操，学生可以振奋精神，愉快地开始一天的学习生活。

课间操能使学生获得有效的休息，消除在上课过程中所产生的疲劳感，以充沛的精力投入下一节课的学习。

1.3　未来接触的体育——社会体育

1.3.1　社会体育的特征

社会体育作为学校体育的延续，具有如下特征：

（1）全民性。只要是参与体育锻炼和健身的人都可以被归为社会体育人群，这就使社会体育具有明显的全民性特征。

（2）健身性。这是大众百姓参加体育活动的主要目的和最大收获，也体现了社会体育的功能。

（3）娱乐性。体育运动的功能之一便是参加该活动所能体验到的身心的愉悦。

（4）自主选择性。参加者根据自己的需要和实际情况，选择活动的时间、地点和内容。

（5）生活性。社会体育已经成为人们日常生活的重要组成部分，通过体育活动可以结识朋友，让体育走进生活。

（6）余暇性。从时间上来讲，社会体育是度过余暇时间和丰富业余生活的手段。

1.3.2　全民健身

1. 政府情系全民健身

中华人民共和国成立后，大众体育运动受到政府重视并全面开展起来，人民体质和健康状况随之有了很大的改善。中华人民共和国国务院 1995 年 6 月颁布了《全民健身计划纲要》，同年 8 月，全国人民代表大会常务委员会通过《中华人民共和国体育法》，此后又有一系列法规和规章相继出台，社会体育和全民健身运动得以沿着健康的轨迹发展。

2. 全民健身计划的作用

全民健身计划，是一项在国家宏观领导下，依托社会、全民参与的与实现社会主义现代化目标配套的系统工程，是动员组织国民积极投入各种各样的身体锻炼、增强体质、提高国民素质的跨世纪的群众体育发展战略。

全民健身计划是文明发展的标志，对精神文明建设有着重要的作用。全民健身计划对于提高中华民族的整体素质，提高群众的体育水平，建立科学、文明、健康的生活方式都将产生深远的影响。这是一项功在当代、利在千秋、造福子孙的宏伟事业。

3. 全民健身的发展趋势

（1）群众锻炼趋于科学化。通过电视、广播、报纸、杂志、网络等媒介所开设健康栏目的宣传，百姓的健身方法日趋科学化，能有针对性地选择合理的健身方式，更有利于身体健康和心情舒畅。

（2）体育消费比例增加。在一些大中城市，随着人们经济收入的增加，为健康而消费成为新时代提高生活质量的一种时尚。

（3）健身人群组织化和社团化。由于相同的兴趣爱好，部分人群长期聚集锻炼身体，形成了单项运动的社团或俱乐部，还建立了QQ群或网页等联系方式。例如，近年来出现的暴走俱乐部、麒麟鞭社团、羽毛球俱乐部等。

（4）健身便民化。在中等以上城市，几乎所有居民社区都有健身器材，便于百姓随时使用。

1.3.3　终身体育

1. 终身体育是社会进步的体现

终身体育这一观念的产生是现代社会发展的结果。伴随着社会的进步，劳动者工作强度逐步降低，工作时间普遍缩短，闲暇时间增多，物质生活水平逐渐提高，百姓的腰包逐渐鼓了起来。人们已改变对过去基本物质生活的需求，开始追求更高层次的"享受"，这种需求是伴随人一生的。而幸福和健康正是人们的需要，体育是通向幸福和健康的科学之路，体育逐渐突破传统阶段性教育的局限，成为贯穿整个人生的内容。

2. 终身体育是幸福的源泉

随着人们对幸福和健康的不懈追求，"终身体育"的观念也逐步深入人心。终身体育是指一个人终身进行身体锻炼和接受体育教育及指导。人们获得健康身体是长期的需求，而不是短期的愿望，这就决定了通过体育锻炼实现健康之路是个长期的过程。"活到老，学到老"人人皆知，目前更时尚的"每天锻炼一小时，健康工作每一天，幸福生活一辈子"的口号更应被人们所牢记。生命在于运动，幸福快乐的一生离不开终身体育。

3. 终身体育无处不在

终身体育不仅是时间上的终身，更涵盖了地点上的终身。对于广大学生来说，不仅在学校要与体育紧密接触，毕业之后走上工作岗位同样要与体育不离不弃，寻找场所开展体育活动，使体育成为健康的保证、幸福的源泉、工作压力的排解场、精神愉悦的指向标。

1.4　观赏的体育——竞技体育

1.4.1　竞技体育的特征

（1）规则性。竞技体育比赛须按照规则进行，参赛的运动员要共同遵守规则，违反或破坏规则是要受到惩罚的。

（2）规律性。各类体育大赛均有比赛的周期，定期举行，运动员要经过系统地训练，再参加比赛。竞技体育呈现一定的规律性，不同于社会体育的随意性。

（3）观赏性。比赛场面有激烈的对抗性和极高的观赏性，运动员最大限度地发挥潜能以战胜对手，体现自身的竞技能力。

（4）严肃性。参加竞赛的运动员，代表的是一个国家或团体，加强了活动的严肃性。

（5）目的性。以取得优异成绩、战胜对手为主要目的，因此需要运动员付出艰苦的努力。

（6）功利性。职业体育赛事往往直接与奖金、奖牌挂钩，获取奖励是竞技体育的动力之一。

1.4.2　欣赏竞技体育比赛

1. 竞技体育比赛是美的艺术

竞技体育含有丰富多彩的真、善、美的内容，人们在各种竞技体育比赛中能发现许多视觉性的、感性的美。高水平的高台跳水，像凌空娇燕，既牵动人们兴奋与紧张的神经，又给人以顺畅美的享受；举重运动表现出力撼群山的震撼，当杠铃被成功举起过头顶的瞬间，人们感受到了人类力量的伟大；花样滑冰运动员配合美妙的音乐所展现出来的激情与柔美，能够使观赏的人们忘却烦恼，进入神话般的世界；田径运动员所展示出的更高、更快、更强的精神面貌更是让人们感受到人类的伟大与无限的能量。

2. 如何欣赏竞技体育比赛

同样是欣赏竞技体育比赛，不同的人却有着不同的欣赏习惯。有的人喜欢观看扣人心弦的直播，有的人喜欢观看支持方获胜的重播，有的人喜欢观看自己了解的项目，有的人喜欢观看新鲜项目；有的人观看比赛时大声呼叫，有的人观看比赛时静如止水，等等。无论是何种人，只要能从体育竞赛中感受到魅力，得到片刻或长久的放松，感悟到成功的来之不易和过程的艰辛，就已经走入竞技体育带给人们的无限美好的世界。

1.4.3　热点竞技体育赛事简介

1. 奥运会

图 1 - 1　2008 年第 29 届夏季奥运会吉祥物

奥林匹克运动会简称"奥运会"，是国际奥林匹克委员会主办的历史最悠久、规模最大、水平最高的世界性综合运动会。1888 年，法国人顾拜旦提出恢复古代奥运会的建议，1894 年巴黎国际体育会议决定：1896 年在希腊举办第一届现代奥运会，奥运会每四年一届。我国于 2008 年举办了第 29 届夏季奥运会，其吉祥物形象如图 1 - 1 所示。

1924 年，国际奥委会开始举办冬季奥运会，同夏季奥运会一样，也是每四年一届。我国短道速滑运动员杨扬在 2002 年冬奥会上实现了我国冬奥会金牌史的"'零'的突破"，之后在 2010 年冬奥会上，我国运动员王蒙独得三枚金牌，在我国冬季运动项目上再创辉煌。2022 年，我国将举办第 24 届冬奥会，北京也因此将成为第一个同时举办过夏季奥运会和冬季奥运会的城市。

2. 世界杯足球赛

世界杯足球赛是世界上最高水平的足球比赛，每四年举办一次。世界杯决赛阶段的名额 2026 年起将扩至 48 支球队，决赛阶段主办国可以直接获得决赛阶段名额，除主办国外，其他名额由国际足联根据各个预选赛赛区的足球水平进行分配，不同的预选赛赛区会有不同数量的决赛阶段名额。从 1930 年乌拉圭世界杯至 2018 年俄罗斯世界杯，目前共举办了 21 届，其中足球强国巴西夺得 5 次冠军，意大利获得 4 次，德国 4 次，阿根廷、乌拉圭、法国分别获得 2 次，英格兰和西班牙分别获得 1 次。中国男子国家足球队于 2002 年首次闯入世界杯决赛圈。

3. NBA 比赛

NBA（National Basketball Association）是美国第一大职业篮球赛事，代表了世界篮球的最高水平。该协会一共拥有 30 支球队，分属两个联盟——东部联盟和西部联盟。30 支球队当中有 29 支位于美国本土，另外一支来自加拿大的多伦多。

4. 美国橄榄球比赛

美国国家橄榄球联盟（National Football League，NFL）是当之无愧的世界第一联盟，数十年来牢牢占据着美国四大联盟之首的宝座，在 2008 年 NFL 的年收入达到惊人的 80 亿美元，美国职业棒球大联盟（Major League Baseball，MLB）的总产值是 60 亿美元，美国篮球职业联赛（National Basketball Association，NBA）仅为 40 亿美元。对比传统欧洲五大联赛，NFL 依旧无人可以匹敌，有着"金元帝国"之称英超联赛的收入为 24 亿欧元（约合 34 亿美元）。虽然 NFL 贵为世界第一联盟，但中国球迷对于 NFL 并不熟悉。

NFL 现有 32 支队伍，球队都由私人投资，按照公司模式运作。NFL 把每支球队按所属联合会和分赛区分组。竞逐 NFL 的 32 支球队被划分成两大联合会：美国橄榄球联合会（American Football Conference，简称 AFC）和国家橄榄球联合会（National Football Conference，简称 NFC）。每个联合会有 16 支队伍，又分成 4 个分赛区：东部、南部、西部和北部。每个分赛区有 4 支队伍。作为最受美国人欢迎的运动，每年 NFL 决赛（超级碗）都能吸引超过1 亿电视观众，电视收视率比 MLB 及 NBA 总决赛加起来还要多三倍，虽然 2008 年遭遇全球金融危机，但超级碗决战广告收入仍达到创纪录的 2.61 亿美元。美国前总统奥巴马还特意在白宫举办小型派对，邀请多位议员一同观赏比赛。

本章思考与练习题

1. 体育是怎样分类的？
2. 你所在学校运动会的竞赛项目都有哪些？
3. 社会体育与竞技体育有什么区别？

第二章

健康需要体育

▶ 本章学习提示

1. 了解什么是健康和亚健康。
2. 了解《国家学生体质健康标准》相关内容。
3. 高职学生如何科学促进健康？

2.1 你需要认识的健康

2.1.1 健康的含义

健康是人类生存和发展的前提条件。人们对健康的认识，是随着时代的不同而变化的。过去，人们认为"健康就是没有病"，或是"能吃能喝能睡就是健康"。现代的健康已不仅是无病无痛，而是将健康状态扩展为体力、技能、形态、卫生、保健、精神、人格和环境八方面，也就是所谓健康的内涵。

世界卫生组织将健康定义为"心理健康、身体健康、社会适应良好和道德健康"，可见世界公认的健康的标准已不仅仅针对人的身体，而是扩展至一个人的道德水平，也就是一个人能为社会和人类作出贡献，并被大众所认可，才是真正的健康。

1. 健康的标志

2000年，世界卫生组织根据健康的内涵，提出了健康的十条标志：

（1）有充沛的精力，能从容不迫地应付日常生活和工作压力而不感到紧张；

（2）处事乐观，态度积极，乐于承担责任，事无巨细，不挑剔；

（3）善于休息，睡眠良好；

（4）应变能力强，能适应外界环境的各种变化；

（5）能抵抗一般性的感冒和传染病；

（6）体重适当，体形匀称，站立时头、肩、臀的位置协调；

（7）反应敏锐，眼睛明亮，眼睑不发炎；

（8）头发有光泽，无头屑；

（9）牙齿清洁、无空洞、无痛感、无出血现象，齿龈颜色正常；

（10）肌肉和皮肤富有弹性，行走轻松自如。

2. 衡量健康的标准

世界卫生组织提出了"五快三良好"标准，以便人们记忆和衡量健康状态。

"五快"的健康标准是：

（1）吃得快。吃得快是指胃口好，不挑食，并不是倡导人们吃饭速度快。健康的饮食应该是细嚼慢咽。

8

（2）便得快。便得快是指上厕所大小便畅快，不干燥，无痛感。

（3）睡得快。睡得快是指上床即能入睡、深睡，不起夜，醒来时精神饱满、头脑清晰。这表明中枢神经系统的兴奋、抑制功能协调，且内脏不受任何病理信息的干扰。

（4）说得快。说得快是指语言表达准确、清晰流利。这表明思维清楚而敏捷、反应良好，心肺功能正常。

（5）走得快。走得快是指行动自如且转动敏捷，因为人的疾病和衰老往往从下肢开始，懒惰的人更容易衰老。

"三良好"的健康标准是：

（1）良好的个性。良好的个性是指性格温和，意志坚强，感情丰富，胸怀坦荡，心境达观，不为烦恼、痛苦、伤感所左右。

（2）良好的处事能力。良好的处事能力是指沉浮自如，客观地观察问题，具有自我控制能力，能适应复杂的社会环境，对事物的变迁保持良好的情绪，常有知足感。

（3）良好的人际关系。良好的人际关系是指待人接物宽厚，不过分计较小事，能助人为乐、与人为善。

3. 健康长寿经验

（1）情绪乐观。对于现代人来说，情绪是否乐观、心理是否阳光已成为决定人们是否健康的重要因素。

（2）坚持运动。生命在于运动是人人皆知的道理，关键在于人们能否克服懒惰，将运动坚持到底。

（3）生活规律。试着将良好的生活习惯坚持一个月，有规律地生活，你会感到神清气爽。

（4）讲究卫生。养成良好的卫生习惯既可以减少病菌对身体的侵蚀，又可以保证良好的心情。

（5）合理营养。人们在饮食方面不能仅重视"好吃"，更应懂得食物对人的营养作用，应多吃水果蔬菜，少进食油腻大的肉类。

（6）戒烟少酒。烟对于人类健康百害无一利，"瘾君子"们应尽早改掉恶习；酒在人际沟通方面的确有促进作用，但要注意节制，多饮则有害身体。

4. 亚健康状态

世界卫生组织将机体无器质性病变，但是有一些功能改变的状态称为"第三状态"，我国将其称为"亚健康状态"。根据人的健康状态，人群分为三种类型：第一种是健康的人，第二种是病人，第三种是介于健康人和病人之间的亚健康状态的人。

对照下面的这些症状，测一测自己是不是处于亚健康状态。如果你的累计总分超过50分，就需要坐下来，好好地反思你的生活状态，加强锻炼和营养搭配等；如果累计总分超过80分，赶紧去医院找医生，调整自己的心理，或是申请休假，好好地休养一段时间。

（1）早上起床时，常有较多的头发掉落。（5分）

（2）感到情绪有些抑郁，会对着窗外发呆。（3分）

（3）昨天想好的事，今天怎么也记不起来了，而且近些天来经常出现这种情况。（10分）

（4）害怕走进办公室，觉得工作令人厌倦。（5分）

（5）不想面对同事和上司，有自闭症趋势。（5分）

（6）工作效率下降，上司已对你不满。（5分）

（7）工作一小时后，身体倦怠，胸闷气短。（10 分）

（8）工作情绪始终无法高涨，最令人不解的是无名的火气很大，但又没有精力发作。（5 分）

（9）一日三餐进食很少，排除天气因素，即使口味非常适合自己的饭菜，近来也经常味同嚼蜡。（5 分）

（10）盼望早早地逃离办公室，为的是能够回家，躺在床上休息片刻。（5 分）

（11）对城市的污染、噪声非常敏感，比普人更渴望清幽、宁静的山水，休养身心。（5 分）

（12）不再像以前那样热衷于朋友的聚会，有种强打精神、勉强应酬的感觉。（2 分）

（13）晚上经常睡不着觉，即使睡着了，又老是处在做梦的状态中，睡眠质量很糟糕。（10 分）

（14）体重有明显的下降趋势，早上起来，发现眼眶深陷、下巴突出。（10 分）

（15）感觉免疫力在下降，春、秋季流感一来，自己首当其冲，难逃"流"运。（5 分）

2.1.2 健康的内容

人的健康包括四方面内容，分别是身体健康、心理健康、社会适应状态和道德健康。

1. 身体健康

现在回想一下，你和你周围的人是否经常把这样的话挂在嘴边："你最近胖了？""呀！你瘦了，怎么减的，快告诉我。""你体形真好，真是魔鬼身材！""你真有劲，体格太好了！""你怎么不累呢，精力真旺盛。"其实，人们嘴边的话题永远离不开自己的身体。拥有健康的身体是令人羡慕的。

那么，怎样才是健康的身体，身体健康又包括哪些内容呢？身体健康可分为身体形态、身体机能和身体素质。

（1）身体形态。身体形态是指人的外部形状或体态。它包括身高、体重、胸围、四肢围、体脂以及四肢与躯干的比例等。

优美身体形态可通过以下三方面体现。

① 搭起人体健壮骨架。人体的骨骼犹如一个建筑的钢筋框架，框架的坚固程度决定了这座建筑的牢固程度。体育锻炼可以提高人的兴奋性，加快新陈代谢，促使内分泌激素增加，骨密质增加，从而使骨骼变得粗壮而坚固。

② 修饰人体优美线条。人人都知道不能"一口气吃成个胖子"的道理，那么对于想减肥、拥有苗条身材的人们来说，也不能"一下变成个瘦子"。体育锻炼可以达到减少脂肪和减轻体重的目的，也是最科学、最健康的方法。减脂主要通过有氧运动来实现，人体连续运动半小时以上才开始燃烧脂肪，才能将多余赘肉转为能量释放出来。

③ 美化身体姿态。身体姿态主要通过人体脊柱弯曲的程度及坐、立、走、跑的体态来体现。长期坚持体育锻炼，特别是协调性、柔韧性较强的运动，可使整个人的形体和姿态显得挺拔。人可以在体育锻炼中调节情感、丰富情趣，从而使人从内心感受到放松、自信，表现出神采奕奕、朝气蓬勃的精神状态。

（2）身体机能。人的身体机能是指人体内部器官系统的能力。人体内的器官犹如机器的零部件，要经常保养、润滑才能工作持久。机器部件坏了可以随时修，人体的器官"修理"起来可就不那么容易了，因此需对人体"零部件"进行长期保养，定期检查，提高人体内部器官系统的能力。

①精力充沛、思维敏捷地去工作。经常参加体育锻炼的人都是精力充沛的人，只有精力充沛才能主动去锻炼身体。参加体育运动可以刺激人的中枢神经系统，促使大脑皮层兴奋性增加。肌肉和骨骼的运动，是由神经系统来调节的，同时是对神经系统很好的锻炼。

②保持良好的食欲。没有食欲是亚健康状态的一种表现，要改变这一状态，体育锻炼是良方。经常参加体育运动，能量消耗加大，新陈代谢随之旺盛，人体暂时缺少的能量自然需要饮食来积极补充，促进了人的食欲。同时，运动的增加有利于消化道的蠕动，使胃肠的血液循环得到改善，从而增加人体的空腹感，使人主动进食，增加食欲。

③远离"三高"。人们皆知"三高"代表高血压、高血糖、高血脂，这是现代人的"富贵病"。"管住嘴，迈开腿"是远离"三高"的有效方法。体育锻炼可使心脏功能增强，收缩能力加大，一般人的心跳为每分钟76次左右，而经常参加体育锻炼的人为每分钟60次左右，正是由于心脏供血能力强，参加运动的人群较常人的心律要慢。体育锻炼促进新陈代谢，可减少脂肪在血管壁的沉积，保持血管壁的弹性，保证血管的畅通。

（3）身体素质。身体素质是衡量一个人体质水平的重要标志之一。身体素质通过一个人的速度、力量、灵敏性、耐力、协调性、柔韧性等能力体现。

体育运动可通过改善人的中枢神经系统，增强内脏器官功能，提高肌肉力量、耐力等，达到提高身体素质的作用。

2. 心理健康

2010年央视春晚一个小品里有句经典台词："你心理能不能阳光一点啊？"非常幽默的一句话，反映了现代人对心理健康的重视。青少年在成长过程中，一定会遇到不同程度的心理困惑或心理问题，面对这些困惑与问题，我们应该积极应对。珍惜青春，把握青春，健康青春，一切从心开始。

人的心理活动是十分复杂的，是气质、情感、思想、性格、能力的综合体现。我国通行的青少年心理健康标准包括以下几点：

（1）情绪稳定，能承受一定的压力，能不断调节自我心理平衡。健康人有丰富的思想感情，在强大的刺激面前能镇静从容，不会因为过度兴奋而忘乎所以，也不会因为突然的悲伤而一蹶不振。

（2）能正确认识自己的人总以为自己是了解自己的，其实真正客观地认识自己并不容易，包括自己的长处和弱点。心理健康者不目空一切，也不自卑、自苦、自惑，更不会自毁。

（3）能面对现实。不管现实对自己是否有利，都勇敢面对，不逃避、不超越。

（4）具有爱和被爱的能力。有感情，爱祖国，爱他人，爱事业，也爱家庭，爱父母，爱配偶，爱子女及朋友，并接受他们的爱。

（5）具有一定的组织能力。在复杂的人际关系中，能从容自若，有自己的观点和见解，不卑不亢。

（6）有独立性。不依赖于他人，办事凭理智，有独立见解，并能听取合理建议。在必要时，能作出重大决策，而且乐于承担责任。

（7）有计划性。做事有计划性，有长远打算。青少年拟订学习计划、制定奋斗目标、树立远大理想，就是心理素质良好的体现。

（8）有自我控制能力。努力服从理智，自觉用意志引导自己去实现预期目标，这是心理成熟的最高标志。

体育锻炼不仅对身体健康有良好的促进作用，对心理健康同样有积极作用。体育锻炼能促进情绪稳定，锻炼坚强的意志品质，培养不服输的精神，是治疗失眠的良药。通过参与集体运动，还可以锻炼与人沟通的能力，增强归属感。

3. 社会适应状态

人所处的社会是一个不断变化的社会，生存在社会中的人要想健康、幸福地生活，就要适应社会。例如，20世纪八九十年代的大学毕业生由国家分配工作，现在却发生了巨大的变化，大批的大学毕业生难以就业。面对这一客观社会变化，大学毕业生应以积极的态度去适应这一变化，树立"先就业再择业、寻职锻炼"的就业观，只有这样才能健康地成长。

当人们适应了社会后，就能融入社会，与社会成员一起心情舒畅地共同学习、生活和工作，而当人对社会不适应的时候，可能产生反感、抵触、焦虑、压力、紧张等不良反应，并由此产生各种健康问题。因此，培养大学生良好的社会适应能力势在必行。

如果你感觉社会适应状态不好或是社会适应能力欠缺的话，就试着努力做到以下标准中的一到两点，并且逐步促使自己更多地符合以下标准。

（1）接受与他人的差异；

（2）主动与人交往，有稳定而广泛的人际关系；

（3）与家庭成员和睦相处；

（4）当自己的意见与多数人意见不同时能保留意见，继续工作；

（5）有1~2个亲密朋友；

（6）工作时，能容纳他人，能接受他人的思想和建议；

（7）交往中能客观评价他人，能自我批评，取人之长、补己之短。

4. 道德健康

道德健康就是能够按照社会规范的准则和要求来支配行为，能为周围的人带来方便和幸福。如果说前三个健康内容是针对个人的话，那么道德健康所涵盖的不仅是自身的健康，更包括自觉地维护和促进社会整体人群的健康。例如，吸烟危害自身健康，而在公共场所吸烟在危害自身健康的同时，也暴露了道德的不健康。

一个人的道德健康程度，取决于人的思想品德、基本素质，也与人的心理健康程度有关。一个心地善良、乐于助人、心存感激的人，一定是心情舒畅、幸福感十足的人。

2.1.3　现代人面临的健康隐患

有人把人的一生比喻成一张支票，健康是最前面的"1"，事业、荣誉、贡献、金钱、地位等分别是"0"，"1"后面的零越多，证明人的价值越大；但是如果前面的"1"没有了，再多的"0"，最后只能是真正的零。

现代人忙于工作或学习，为了金钱或荣誉疲于奔命，往往忽视了健康。现代人面临的健康隐患主要有以下几种。

1. 网络成瘾

对于青少年来说，网络成瘾已成为普遍现象。网络在带给人们便利的同时，也带来了相应的危害。长期沉迷于网络游戏，不仅影响青少年对科学文化知识的学习，还占用了本应走入操场和大自然进行体育锻炼的时间，影响了青少年健康发育。网络上的暴力、色情、赌博等不健康内容也时刻危害着青少年的身心。辨别是非能力差的青少年，很可能因迷恋虚拟的不健康内容而走上犯罪的道路。

2. 饮食不规律

饮食规律包括合理膳食、营养卫生、定时定量进食等。

饮食不规律是破坏身体健康的重要原因。电视、网络等媒体不断曝光一些黑作坊生产有毒有害食品，利用工业原料制作食物的事件，那些制成的成品或半成品虽外表好看、气味诱人，却食之有害。

年轻人在面对油炸食品或肉类时，喜欢多吃，这是因为肉类或油炸食品口感好，既香又酥脆。但是他们忽视了人体健康所需食物的比例，过多地进食油炸或肉类食品，容易导致肥胖；如果水果、蔬菜进食较少，还会导致胃肠等功能的紊乱，不利于健康。

随着生活节奏的加快，年轻人，尤其是经常在外跑业务的年轻人，不注意定时定量吃饭，往往是饿了才吃，暴饮暴食，长期如此，容易导致消化不良，患上肠胃疾病。

3. 营养过剩

由于生活水平不断提高，以前以谷物和薯类为主的食物现在被大量的肉、蛋、奶和各种营养品所代替，于是各国肥胖症流行。由此引起的慢性疾病也大大增加，对人的健康造成极大的危害。

4. 环境恶化

随着全世界工业化进程的高速发展，人们对大自然的破坏也在急速加剧，温室效应、水质污染、滥伐森林、物种灭绝等环境恶化问题，已给人类带来了前所未有的危机感。风靡一时的电影《2012》中，环境恶化到极致，给人类带来了毁灭性的灾难。这些环境问题，是影响人类健康乃至生命的重要因素。

5. 工作压力

工作压力主要体现在心理方面。随着社会的不断发展，竞争越来越激烈，人们遇到了良好的愿望与艰难的现实之间的矛盾。工作竞争、升学择业、工资待遇、地位级别、人际关系等，都会给人们造成紧张情绪，影响健康。

6. 电磁辐射

随着通信业和家电业的发展，现代人在享受现代通信设备的便捷和电器所带来的舒适的同时，也越来越多地受到来自各种电器和通信器材的辐射。人们暴露在一个电磁辐射不断增多的环境中，平时司空见惯的家用电器也被指责是室内电磁辐射的无形杀手。电磁辐射污染已成为继大气污染、水质污染、噪声污染之后的第四大污染。

2.1.4 高职学生健康教育

1. 高职学生健康教育的内容

对高职学生进行健康教育，是素质教育的体现。通过健康教育，可以帮助高职学生改变不良的生活习惯，树立乐观、积极的生活态度，使高职学生在身体、心理、社会适应和道德健康方面均有所提高。

近年来，教育部提出以下十二个方面的健康教育内容。

（1）健康与健康教育。了解健康观念和健康教育的要求，高校健康教育的任务、方法和评估。

（2）大学生身心发育的疾病特征。了解大学生阶段的生理、心理特征及普通病例的特点。

（3）心理卫生。掌握大学阶段基本的健康卫生要求，提高应激能力以及对挫折的耐受能力和自我心理调适能力，正确选择心理咨询及治疗，正确对待神经系统的失常，预防自杀等行为。

（4）学习卫生和起居卫生。了解用脑卫生，掌握提高记忆力的方法，认识作息与睡眠的常规及意义，注重口腔卫生和保护视力等。

（5）饮食与营养。了解食物营养的功能并进行合理的膳食搭配，纠正不良的饮食卫生习惯，预防食物污染及食物中毒。

（6）运动卫生。了解体育的作用，合理选择适宜的项目进行科学的终身体育锻炼。拟定运动处方，预防运动损伤。

（7）行为环境与健康。注意提高个人修养，讲求卫生习惯，认识环境对健康的影响，认识校园环境的重要意义，纠正不良的生活方式。

（8）性心理与卫生。了解性成熟带来的身心变化，正确对待身心需求，理解及提倡性道德，警惕性病及艾滋病的发生及蔓延，不能忽视婚前性行为所造成的后果。

（9）传染病。重点掌握几种威胁大学生健康的传染病的有关知识，如传染性肝炎、肠道传染病等，预防疾病的发生及传播。

（10）各种常见病。了解常见病的病症，学会处理小伤、小病的同时，知道对症下药及寻找医疗服务机构的帮助。

（11）急症自救与互救。掌握一般急救方法，如人工呼吸、心肺复苏术等，学会在危急情况下的救援基本知识，确保自己及他人的生命和安全。

（12）用药知识。了解常用药的成分、作用、不良影响和药性，适当使用剂量和选用药物，杜绝滥用和误用，避免无辜伤亡事件的发生。

这些内容对大学生树立健康意识，养成良好的卫生习惯和树立健康的生活方式，都具有普遍的指导意义。

2. 认识不健康的生活方式带给大学生的危害

（1）吸烟。如果问一个吸烟者，吸烟是否有害，大多数人会回答"是"。据调查，90%以上的吸烟者对吸烟危害性的认识仅仅停留在肺病、呼吸道疾病上，对烟草危害的复杂性和严重程度明显缺乏认识。烟草的烟雾中含有多种对人体有危害的化学物质，如焦油、尼古丁和一氧化碳。焦油在肺部浓缩成黏性物质，犹如在人的脸上涂上糨糊，肯定不好受。尼古丁是烟瘾的罪魁祸首，破坏人的神经系统。一氧化碳会使人缺氧，表现为眩晕。口臭、咽炎是吸烟危害的直接表现，冠心病、脑血管病、恶性肿瘤、肺癌等更是吸烟的严重后果。吸烟不仅对自身有害，对周围的人更是一种摧残，被动吸烟的危害不亚于对吸烟者自身的危害。

（2）酗酒。酗酒是指无节制地过度饮酒，常造成急性或慢性酒精中毒，或引发不可预知的危害。大学生饮酒已成为普遍现象，但是饮酒过多、成瘾就会造成不良后果，如记忆力下降、反应迟钝，还容易导致脂肪肝、肝硬化甚至肝癌。大学生还处于思想不成熟期，如果过量饮酒，会导致精神亢奋，做事不顾后果，容易做出违法乱纪之事。如果因为饮酒造成严重后果，将遗憾终生。

（3）网瘾。现在的大学生寝室多数能上网，即使学校不提供上网服务，学生也普遍购买网卡，在宿舍上网。但是过度利用网络玩游戏、聊天、交友、看电影，甚至浏览色情影片及图片从而"成瘾"，会给学生的正常学习带来不良影响，并对其身心的健康产生危害。

（4）其他不良生活方式及饮食习惯。不良生活方式及饮食习惯主要表现如下：一是习惯于依赖自动化和物质享受，不爱运动。例如洗衣用洗衣机，袜子积累到一周甚至一个月再洗，更有甚者从脏袜子中挑选较干净的再穿。二是不注意环境卫生，垃圾随处丢，给病菌的繁殖提供了场所。三是饮食结构不合理，暴饮暴食，偏食挑食。四是就餐不规律，好多学生为了早上多睡一会儿，就不去吃早餐，或是晚上饿了又加餐，没有营养的方便食品成为学生的最爱。这些不良的生活方式及饮食习惯均会对身体造成伤害。

3. 通过传授健康知识，使大学生养成良好的生活习惯

（1）有规律的作息时间。高职学生应保证每天至少 8 小时的睡眠，晚上 10 点就寝，早上 6 点起床是最佳的休息安排。如果有条件的话，应该养成午休的习惯，哪怕是二三十分钟，就会为下午的听课学习储备精力。为保证睡眠质量，睡前不要饮食，保持宿舍床铺整齐清洁，用温水洗脸、洗脚。

（2）合理膳食。在饮食方面，由于食堂卫生有保障且菜样丰富，有利于学生对饮食的选择，大学生应尽量在学校食堂用餐。早上要吃好，可选择奶、豆浆或粥，外加鸡蛋、各种样式的中西点。中午要吃饱，一是补充上午所耗能量，二是为下午储备能量，应该荤素搭配。晚上要吃八分饱，如果晚饭距睡觉时间较长，也可以加餐，但注意加餐不能进食过量。

（3）养成良好的卫生习惯。集体宿舍生活是对个人自理能力等的锻炼，应该以宿舍为家，大家共同保持好宿舍卫生，既方便大家，又方便自己。宿舍的卫生靠的是人人从细节做起，如打热水、打扫地面等，应排出周一至周日的值日表。个人卫生应该自觉清理，如生活物品的摆放，生活垃圾放到指定位置、不随意丢弃，尤其是男同学的鞋和袜子，要注意清洁。

（4）戒烟限酒。前面已经讲过烟酒的危害，作为大学生更应该戒烟限酒。

2.2 体质健康标准

2.2.1 体质与健康

1. 体质的概念

体质是人的生命活动和劳动工作能力的物质基础。简要地说，体质是指人体自身的质量，是人体在形态、生理、生化和行为上相对稳定的特征。《辞海》中是这样定义体质的："人体在遗传性和获得性的基础上表现出来的功能和形态上相对稳定的固有特性。"

体质包括体格、体能和适应能力三方面。体格是指人体的形态结构方面，包括人体生长发育水平，整体指数与比例以及身体的姿态；体能是指人体各器官系统的功能在肌肉活动中表现出来的能力，它包括身体素质（力量、速度、灵敏性、柔韧性、耐力等）和身体基本活动能力（走、跑、跳、投、攀登、爬越、举重等能力）；适应能力是指人在适应外界环境过程中所表现出来的机体能力，它包括对外界环境的适应力和对疾病的抵抗力。

2. 体质的范畴

（1）身体形态发育水平：体形、姿势、营养状况、体格及身体成分等。

（2）生理和生化功能水平：机体的新陈代谢功能及各系统、器官的工作效能。

（3）身体素质和运动能力水平：身体在运动中表现出来的力量、速度、耐力、灵敏性、柔韧性等素质，及走、跑、跳、投、攀等身体运动能力。

（4）心理发展状态：个体感知能力、个体意志力、判断能力。

（5）适应能力：对外界环境的抗寒、抗热能力和对疾病的抵抗力。

3. 影响体质健康的因素

体质在很大程度上由先天因素所决定，遗传对体质的发展提供了前提条件。而体质强弱的现实性则有赖于后天环境的影响，其中营养、卫生、教育和身体锻炼等因素最为重要。有计划、有目的地进行科学的身体锻炼，是增强体质最积极、最有效的手段之一。

2.2.2 学生体质健康标准

《国家学生体质健康标准（2014 年修订）》（以下简称《标准》）是国家制定的从身体形态、身体机能、身体素质等方面综合评定学生的体质健康水平的评价体系。

1. 对《标准》的说明

（1）为贯彻落实"健康第一"的指导思想，切实加强学校体育工作，促进学生积极参加体育锻炼，养成良好的锻炼习惯，提高体质健康水平，特制定本标准。

（2）《标准》是《国家体育锻炼标准》的有机组成部分，是《国家体育锻炼标准》在学校的具体实施，是国家对学生体质健康方面的基本要求，适用于全日制小学、初中、普通高中、中等职业学校和普通高等学校的在校学生。

（3）《标准》从身体形态、身体机能、身体素质和运动能力等方面综合评定学生的体质健康水平，是促进学生体质健康发展、激励学生积极进行身体锻炼的教育手段，是学生体质健康的个体评价标准。

（4）《标准》将测试对象划分为以下组别：小学、初中、高中按每个年级为一组。大学一、二年级为一组，三、四年级为一组。

大学组测试项目为八类，身高、体重、肺活量、50 米跑、立定跳远、坐位体前屈、800 米跑（女）/1 000 米跑（男）、一分钟仰卧起坐（女）/引体向上（男）为必测项目。

（5）学校每学年对学生进行一次本标准的测试，本标准的测试方法按《国家学生体质健康标准解读》（人民教育出版社出版）中的有关要求进行。

（6）《标准》的学年总分由标准分与附加分之和构成，满分为 120 分。标准分由各单项指标得分与权重乘积之和组成，满分为 100 分。附加分根据实测成绩确定，即对成绩超过100 分的加分指标进行加分，满分为 20 分；大学的加分指标为男生引体向上和 1 000 米跑，女生 1 分钟仰卧起坐和 800 米跑，各指标加分幅度最高为 10 分。

（7）根据学生学年总分评定等级：90 分及以上为优秀，80.0～89.9 分为良好，60.0～79.9 分为及格，59.9 分及以下为不及格。学生体质健康标准成绩每学年评定一次，按评定等级记入《国家学生体质健康标准登记卡》。学生毕业时体质健康标准的成绩和等级，按毕业当年得分和其他学年平均得分各占 50% 之和进行评定。因病或残疾免予执行本标准的学生，填写《免予执行〈国家学生体质健康标准〉申请表》。

2. 实施《标准》的意义

（1）它是贯彻落实"健康第一"指导思想的一项重要举措。体育，特别是学校体育直接肩负着"增强全体学生体质"和"促进全体学生健康"的使命。《标准》的贯彻落实，对于强化广大师生的健康意识，提高学生的体质健康水平必将发挥积极的作用。

（2）满足社会发展的需要。科技的进步，社会的发展，物质生活的极大丰富，使影响人类健康的因素发生了很大的变化。但是社会环境的巨变，未必对于任何一种生物来说都是好事。当前，处于"亚健康"状态的人群剧增、非传染性疾病的快速增长都是这一变化产生的"副作用"。社会上疾病发生的类型，也足以反映出人们的生活习惯和生活方式方面存在的问题。为了解决这些社会问题，使人们适应社会的发展，满足人们对健康的迫切需要以及对高质量生活的不断追求，必须从学生抓起。因此，《标准》的制定与实施不仅是个人的需要，也是社会发展的需要，是全面提高国民素质、振兴中华民族的需要。

（3）促进和深化学校教育及体育教学改革。学生体质健康评价是学校教育工作中的重要环节，也是学校体育评价体系中重要的组成部分。正确、合理地对学生进行体质健康评价，对于促进学校体育教育工作有着重要的意义。《标准》是激励学生积极进行身体锻炼的教育手段，不是为测试而测试，特别是《标准》采用个体评价标准，能够清晰地看出学生个体差异与自我某些方面的不足，这十分有利于通过测试促使学生积极参加体育锻炼，通过锻炼改善健康状况，促进健康发展。《标准》的实施，将对我国深化学校体育改革，完善体质健康评价体系，促进全体学生综合素质的提高产生深刻的影响。

3. 《标准》的实施办法

（1）《标准》的实施工作在教育部、国家体育总局的领导下，由各级教育行政部门管理，体育行政部门指导，学校组织实施。

（2）《标准》的组织实施工作在校长领导下，由学校体育教研部门、教务部门、校医院（医务室）、学工部门、辅导员（班主任）协同配合共同组织实施。《标准》的测试应与学生的健康体检有机结合，避免重复测试。学生的《标准》测试成绩按评定等级记入《国家学生体质健康标准登记卡》，小学列入学生成长记录或学生素质报告书，初中以上学校列入学生档案（含电子档案），作为学生毕业、升学的重要依据。对达到及格及以上成绩的学生颁发证章。《标准》的实施工作记入教师的教学工作量。

（3）学生《标准》测试成绩达到良好及以上者，方可参加三好学生、奖学金评选；成绩达到优秀者，方可获体育奖学分。《标准》成绩不及格者，在本学年度准予补测一次，补测仍不及格，则学年《标准》成绩为不及格。普通高中、中等职业学校和普通高等学校学生毕业时，《标准》测试的成绩达不到50分者按结业或肄业处理。

（4）有病或残疾学生，可向学校提交免予执行《标准》的申请，经医疗单位证明，体育教学部门核准后，可免予执行《标准》，并填写《免予执行〈国家学生体质健康标准〉申请表》，存入学生档案。确实丧失运动能力、免予执行《标准》的残疾学生，仍可参加三好学生、奖学金、奖学分评选，毕业时《标准》成绩需注明免测。

（5）认真上好体育课、积极参加体育活动、每天锻炼时间达到一小时者，奖励5分，计入学年《标准》总成绩。

（6）属下列情况之一者，其《标准》成绩记为不及格，该学年《标准》成绩最高记为59分：①1 000米跑（男）、800米跑（女），得分达不到及格者；②体育课无故缺勤，一学年累计缺勤次数超过应出勤次数1/10者。

（7）各地、各学校在实施《标准》时要树立"安全第一"的指导思想，健全各项安全保障制度，落实安全责任制，加强对场地、器材、设备的安全检查。要认真做好学生的体检工作，对生病学生实行缓测或免测。

（8）全国各级各类学校每学年开展覆盖本校各年级学生的《标准》测试工作，《标准》测试数据经当地教育行政部门按要求审核后，通过中国学生体质健康网报送至教育部"国家学生体质健康标准数据管理系统"。测试和数据上传时间由教育行政部门确定。上报测试数据的工具软件，由学校在中国学生体质健康网上免费下载使用。

（9）高职、高专类学校参照有关要求执行。

4.《标准》中大学生组的内容

（1）测试项目。大学生测试项目为八项：身高、体重、肺活量、50米跑、立定跳远、坐位体前屈、1 000米跑（男）/800米跑（女）、1分钟仰卧起坐（女）/引体向上（男）。

（2）评价指标。大学生的评价指标有七项：体重指数（BMI）、肺活量、50米跑、立定跳远、坐位体前屈、1 000米跑（男）/800米跑（女）、引体向上（男）/1分钟仰卧起坐（女）。《标准》中大学生组单项指标和权重，如表2-1所示。

表2-1 大学生组单项指标和权重

测试对象	单项指标	权重
大学各年级	体重指数（BMI）	15%
	肺活量	15%
	50米跑	20%
	立定跳远	10%
	坐位体前屈	10%
	1 000米跑（男）/800米跑（女）	20%
	引体向上（男）/1分钟仰卧起坐（女）	10%

注：体重指数（BMI）=体重(千克)/身高(米)的平方

（3）《标准》中大学生组各测试项目评分标准，如表2-2、表2-3、表2-4所示。

表2-2 大学生组体重指数（BMI）单项评分表

等级	单项得分	大学男生	大学女生
正常	100	17.9～23.9	17.2～23.9
低体重	80	≤17.8	≤17.1
超重		24.0～27.9	24.0～27.9
肥胖	60	≥28.0	≥28.0

表 2-3 大学男生各测试项目评分表

等级	单项得分	肺活量/毫升		50米跑/秒		坐位体前屈/厘米		立定跳远/厘米		引体向上/次		1 000米跑/(分·秒)	
年级		大一大二	大三大四	大一大二	大三大四	大一大二	大三大四	大一大二	大三大四	大一大二	大三大四	大一大二	大三大四
优秀	100	5 040	5 140	6.7	6.6	24.9	25.1	273	275	19	20	3'17"	3'15"
	95	4 920	5 020	6.8	6.7	23.1	23.3	268	270	18	19	3'22"	3'20"
	90	4 800	4 900	6.9	6.8	21.3	21.5	263	265	17	18	3'27"	3'25"
良好	85	4 550	4 650	7.0	6.9	19.5	19.9	256	258	16	17	3'34"	3'32"
	80	4 300	4 400	7.1	7.0	17.7	18.2	248	250	15	16	3'42"	3'40"
及格	78	4 180	4 280	7.3	7.2	16.3	16.8	244	246			3'47"	3'45"
	76	4 060	4 160	7.5	7.4	14.9	15.4	240	242	14	15	3'52"	3'50"
	74	3 940	4 040	7.7	7.6	13.5	14.0	236	238			3'57"	3'55"
	72	3 820	3 920	7.9	7.8	12.1	12.6	232	234	13	14	4'02"	4'00"
	70	3 700	3 800	8.1	8.0	10.7	11.2	228	230			4'07"	4'05"
	68	3 580	3 680	8.3	8.2	9.3	9.8	224	226	12	13	4'12"	4'10"
	66	3 460	3 560	8.5	8.4	7.9	8.4	220	222			4'17"	4'15"
	64	3 340	3 440	8.7	8.6	6.5	7.0	216	218	11	12	4'22"	4'20"
	62	3 220	3 320	8.9	8.8	5.1	5.6	212	214			4'27"	4'25"
	60	3 100	3 200	9.1	9.0	3.7	4.2	208	210	10	11	4'32"	4'30"
不及格	50	2 940	3 030	9.3	9.2	2.7	3.2	203	205	9	10	4'52"	4'50"
	40	2 780	2 860	9.5	9.4	1.7	2.2	198	200	8	9	5'12"	5'10"
	30	2 620	2 690	9.7	9.6	0.7	1.2	193	195	7	8	5'32"	5'30"
	20	2 460	2 520	9.9	9.8	-0.3	0.2	188	190	6	7	5'52"	5'50"
	10	2 300	2 350	10.1	10.0	-1.3	-0.8	183	185	5	6	6'12"	6'10"

表 2-4 大学女生各测试项目评分表

等级	单项得分	肺活量/毫升		50米跑/秒		坐位体前屈/厘米		立定跳远/厘米		1分钟仰卧起坐/次		800米跑/(分·秒)	
年级		大一大二	大三大四	大一大二	大三大四	大一大二	大三大四	大一大二	大三大四	大一大二	大三大四	大一大二	大三大四
优秀	100	3 400	3 450	7.5	7.4	25.8	26.3	207	208	56	57	3'18"	3'16"

续表

等级	单项得分	肺活量/毫升		50米跑/秒		坐位体前屈/厘米		立定跳远/厘米		1分钟仰卧起坐/次		800米跑/（分·秒）	
年级		大一大二	大三大四	大一大二	大三大四	大一大二	大三大四	大一大二	大三大四	大一大二	大三大四	大一大二	大三大四
优秀	95	3 350	3 400	7.6	7.5	24.0	24.4	201	202	54	55	3′24″	3′22″
	90	3 300	3 350	7.7	7.6	22.2	22.4	195	196	52	53	3′30″	3′28″
良好	85	3 150	3 200	8.0	7.9	20.6	21.0	188	189	49	50	3′37″	3′35″
	80	3 000	3 050	8.3	8.2	19.0	19.5	181	182	46	47	3′44″	3′42″
	78	2 900	2 950	8.5	8.4	17.7	18.2	178	179	44	45	3′49″	3′47″
	76	2 800	2 850	8.7	8.6	16.4	16.9	175	176	42	43	3′54″	3′52″
	74	2 700	2 750	8.9	8.8	15.1	15.6	172	173	40	41	3′59″	3′57″
	72	2 600	2 650	9.1	9.0	13.8	14.3	169	170	38	39	4′04″	4′02″
及格	70	2 500	2 550	9.3	9.2	12.5	13.0	166	167	36	37	4′09″	4′07″
	68	2 400	2 450	9.5	9.4	11.2	11.7	163	164	34	35	4′14″	4′12″
	66	2 300	2 350	9.7	9.6	9.9	10.4	160	161	32	33	4′19″	4′17″
	64	2 200	2 250	9.9	9.8	8.6	9.1	157	158	30	31	4′24″	4′22″
	62	2 100	2 150	10.1	10.0	7.3	7.8	154	155	28	29	4′29″	4′27″
	60	2 000	2 050	10.3	10.2	6.0	6.5	151	152	26	27	4′34″	4′32″
不及格	50	1 960	2 010	10.5	10.4	5.2	5.7	146	147	24	25	4′44″	4′42″
	40	1 920	1 970	10.7	10.6	4.4	4.9	141	142	22	23	4′54″	4′52″
	30	1 880	1 930	10.9	10.8	3.6	4.1	136	137	20	21	5′04″	5′02″
	20	1 840	1 890	11.1	11.0	2.8	3.3	131	132	18	19	5′14″	5′12″
	10	1 800	1 850	11.3	11.2	2.0	2.5	126	127	16	17	5′24″	5′22″

（4）加分指标评分表。引体向上、一分钟仰卧起坐均为高优指标，学生成绩超过单项评分100分后，以超过的次数所对应的分数进行加分。1 000米跑、800米跑均为低优指标，学生成绩低于单项评分100分后，以减少的秒数所对应的分数进行加分，如表2-5所示。

表 2 - 5 大学生加分指标评分表

加分	引体向上 男生/次		1 000 米跑 男生/（分·秒）		1 分钟仰卧起坐 女生/次		800 米跑 女生/（分·秒）	
	大一 大二	大三 大四	大一 大二	大三 大四	大一 大二	大三 大四	大一 大二	大三 大四
10	10	10	-35″	-35″	13	13	-50″	-50″
9	9	9	-32″	-32″	12	12	-45″	-45″
8	8	8	-29″	-29″	11	11	-40″	-40″
7	7	7	-26″	-26″	10	10	-35″	-35″
6	6	6	-23″	-23″	9	9	-30″	-30″
5	5	5	-20″	-20″	8	8	-25″	-25″
4	4	4	-16″	-16″	7	7	-20″	-20″
3	3	3	-12″	-12″	6	6	-15″	-15″
2	2	2	-8″	-8″	4	4	-10″	-10″
1	1	1	-4″	-4″	2	2	-5″	-5″

（5）评分表的使用方法。

① 使用评分表对学生的测试结果进行评价可分为两部分：一是对各项测试结果分别评分，得出相应得分；二是对每一个学生给出一个总的得分和等级。

② 按性别找到对应的评分表，使用该表查出相应指标所处的档次及其得分。对学生体质健康的等级评价，是将各单项的得分相加，用总分进行等级评价，共分为四个等级：优秀为总分 90 分及以上；良好为总分 80.0 ~ 89.9 分；及格为总分 60.0 ~ 79.9 分；不及格为总分 59.9 分及以下。

2.2.3 体质健康的测试与评价

1. 身高标准体重测评

（1）身高。

① 测试器材：身高测量仪。

② 测试方法：测试者立正姿势站在身高测量仪的底板上（上肢自然下垂，脚跟并拢，足尖分开约成 60°角）。躯干自然挺直，头部正直，两眼平视。当水平压板轻轻沿立柱下滑，轻压于测试者头顶时进行身高测试，所测数据在液晶屏上显示。

③ 注意事项：

• 测量前用标准钢尺对仪器进行校正，测试误差不得超过 0.5 厘米。

• 身高测量仪应选择平坦靠墙的地方放置，立柱的刻度尺应面向光源。

• 严格掌握"三点靠立柱""两点呈水平"的测量姿势要求。

• 测量身高前，受试者不应进行体育运动和体力劳动。

（2）体重。

① 测试器材：杠杆秤或电子体重计。

② 测试方法：测试时，杠杆秤应放在平坦地面上，调整 0 点至刻度尺水平位。受试者赤足，男性受试者身着短裤；女性受试者身着短裤、短袖衫，站在秤台中央。测试人员放置适当砝码并移动游标至刻度尺平衡。读数以千克为单位，精确到小数点后一位。记录员复诵后将读数记录。测试误差不超过 0.1 千克。

③ 注意事项：

- 测量前不宜进行剧烈的体育活动或体力劳动。
- 受试者站在秤台中央，杠杆秤上、下移动动作要轻。
- 测量前要排空大小便。
- 体重计应该经常校准，测量误差不超过 0.1 千克。

④ 评价方法：

- 身高标准体重是指身高与体重两者的比例应在正常的范围内，它是反映人体骨骼生长发育、纵向高度和营养状况及身体匀称度的主要形态指标。身高标准体重是将身高和体重综合起来，测试值以每厘米身高的体重分布，通过直接查身高标准体重表就可以判断学生体形的匀称度，体重是否超重，超了多少千克，以及是否体重过轻或营养不良，轻了多少千克等。
- 体重指数（BMI）＝体重（千克）/身高（米）的平方。

2. 大学生心肺功能测评

（1）肺活量。

① 测试器材：电子肺活量计。

② 测试方法：房间通风良好；使用干燥的一次性塑料吹嘴。受试者面对仪器站立、手持吹嘴，深吸一口气后，向吹嘴处慢慢呼出至不能再呼出为止。吹气完毕，液晶屏上最终显示的数字即为肺活量毫升值。每位受试者测三次，每次间隔 15 秒，记录最大值作为测试结果。以毫升为单位，不保留小数。

③ 注意事项：

- 电子肺活量计的计量部件的通畅和干燥是仪器准确的关键，吹气筒的导管必须在上方，以免口水或杂物堵住气道。
- 每测试 10 人及测试完毕后用干棉球及时清理和擦干气筒内部。严禁用水、酒精等任何液体冲洗气筒内部。
- 导气管存放时不能弯折。
- 定期校对仪器。

④ 评价方法：用肺活量体重指数进行评价，肺活量体重指数＝肺活量（毫升）/体重（千克）。

肺活量可以反映肺的容积和扩张能力，是评价人体呼吸系统功能是否完善的一个重要指标，常用于评价人体生长发育水平和体质状况。

肺活量体重指数值越大，则反映测试者呼吸系统的机能水平越高。

（2）800 米或 1 000 米跑。

① 测试场地：400 米、300 米、200 米田径场跑道。地质不限。也可使用其他不规则场地，但必须丈量准确，地面平坦。秒表若干块，使用前需要校正。

② 测试方法：受试者至少两人一组进行测试，站立式起跑。当听到"跑"的口令后开始起跑。计时员看到旗动开表计时，当受试者的躯干部到达终点线垂直面时停表。以分、秒为单位记录测试成绩，不计小数。

③ 注意事项：

● 受试者测试时最好穿运动鞋或平底布鞋，赤足亦可。不得穿钉鞋、皮鞋、塑料凉鞋。

● 发现有抢跑者，要当即召回重跑。

④ 评价方法：800 米或 1 000 米跑测试的是学生耐力素质的发展水平，特别是呼吸系统的功能及肌肉耐力。

3. 大学生肌肉力量与力量耐力测评

（1）引体向上。

① 测试器材：高单杠或高横杠，杠粗以手能握住为准。

② 测试方法：受试者立于杠下，跳起，双手正握单杠成悬垂姿势。然后屈臂引体至下颌超过横杠上缘，再慢慢伸直双臂，还原成悬垂姿势，即为成功 1 次。

③ 注意事项：

● 受试者应双手正握单杠，待身体静止后开始测试。

● 引体向上时，身体不得做大的摆动，也不得借助其他附加动作撑起。

● 两次引体向上的间隔时间超过 10 秒停止测试。

④ 评价方法：引体向上主要反映相对于自身体重的上臂屈肌群的动力性力量耐力，其主要反映上肢肌肉力量的发展水平。

（2）下肢爆发力（立定跳远）。

下肢爆发力是指下肢肌肉快速收缩发出的力，是完成许多位移运动必不可少的素质。立定跳远成绩常用于衡量下肢爆发力的水平。

① 测试器材：立定跳远测试仪或沙坑。

② 测试方法：受试者自然站立于起跳线（不得踩线），而后屈膝预摆几次，双足用力向前上方起跳，并用双足落地。液晶屏上显示的数字即为该次立定跳远的成绩，连续跳 2 ~ 3 次，取最佳成绩记录，单位为厘米。

③ 注意事项：

● 在沙坑跳时起跳线至沙坑近端的距离不得少于 30 厘米，起跳点与沙坑面应在同一水平面。起跳失败时可允许补跳。

● 采用立定跳远测试仪测试时，测试者输入学号后按确认键，测试者选择起跳点测量，跳完后从前方走出。当测试仪发出"嘀"声后，测试者可开始再次测量。

④ 评价方法：立定跳远主要是测量向前跳跃时下肢肌肉的爆发力，它是评价下肢爆发力的指标。

（3）仰卧起坐。

① 测试器材：仰卧起坐测试仪。

② 测试方法：受试者仰卧于垫上，两腿稍分开，屈膝成 90°角左右，两手指交叉贴于脑后。由一同伴压住其踝关节，以固定下肢。受试者坐起时两肘触及或超过双膝为完成一次。仰卧时两肩胛必须触垫。测试人员发出"开始"口令的同时开表计时，记录 1 分钟内完成次数。

③ 评价方法：仰卧起坐测试主要是评价学生的腹肌耐力。

4. 大学生柔韧性测评

① 测试器材：坐位体前屈测试仪。

② 测试方法：受试者直腿坐于地上，双足跟（赤足）置于基准线后，两脚相距约 15 厘米。由一同伴在受试者体侧按压其双膝，令受试者上体前屈，同时向前伸臂，用两手中指端一起向前推动引尺，直至不能前移为止。测验时，上体不得左右摆动或前后弹振，双手不得离开引尺。测 2~3 次，记录量尺的读数（厘米）。

③ 注意事项：

- 身体前屈，两臂向前推游标时两腿不能弯曲。
- 受试者应匀速向前推动游标，不得突然发力。

④ 评价方法：坐位体前屈主要是测量受试者在静止状态下的躯干、腰、髋等关节可能达到的活动幅度，主要反映这些部位的关节、韧带和肌肉的伸展性和弹性及学生身体柔韧素质的发展水平。

5. 大学生灵敏性测评（50 米跑）

① 测试器材：50 米直线跑道若干条，50 米跑测试仪或秒表若干块。

② 测试方法：受试者至少两人一组测试。站立起跑，受试者听到"跑"的口令后开始起跑。受试者躯干部到达终点线的垂直面停表。以秒为单位记录测试成绩，精确到小数点后一位。

③ 注意事项：

- 受试者最好穿运动鞋或平底布鞋，赤足亦可。但不得穿皮鞋、塑料凉鞋。
- 发现有抢跑者，要当即召回重跑。
- 如遇风时一律顺风跑。

④ 评价方法：50 米跑主要是测试学生速度、灵敏素质及神经系统灵活性的发展水平。

2.3 高职学生如何科学促进健康

2.3.1 科学营养

人体获得和利用食物的综合过程称为营养。营养是保证人体正常生长发育、进行各种生理活动的重要因素。简单说就是人活着就需要营养，要健康地活着就需要科学营养。人体的生存是不断消耗和不断补充能量的过程。补充到人体内的营养被吸收，具有供给热能、构成机体组织、调节生理的功能。为机体进行正常代谢所必需的物质被称为营养素。营养素通常来自食物。现在市场上也充斥着各式各样的营养补品。人体所需的营养素有蛋白质、脂肪、糖、维生素、矿物质和水六大类。

大家如果细心的话，在购买食品或饮料时，在外包装上就会发现这几大营养素含量比重。下面就逐一介绍六大营养素对人体的营养功用。

1. 蛋白质

蛋白质是生命的物质基础，它是与生命及各种形式的生命活动紧密联系在一起的物质。人体内蛋白质的种类很多，性质、功能各异，但都是由 20 多种氨基酸按不同比例组合而成，并在体内不断进行代谢与更新。蛋白质犹如汉字一样，由基本笔画组合而成，不同的组合顺序和形式就会生成不同的汉字，每个汉字所代表的意义也不同。

蛋白质能够构成和修补机体组织。人体的肌肉、血液、骨、皮肤等都由蛋白质参与组成，蛋白质占细胞内固体成分的 80% 以上。组织的新陈代谢和损伤后的修补都必须依靠蛋白质。

蛋白质是合成抗体的成分，能够帮助人体提高免疫力。

蛋白质长期供给不足时，机体将发生蛋白质缺乏症。例如影响肠黏膜的吸收功能，出现消化不良、慢性腹泻等症状；肝脏功能下降，致使血浆蛋白合成障碍，血浆蛋白浓度下降，出现浮肿；酶的活性降低，球蛋白减少，机体抵抗力下降；肾上腺皮质功能减退，机体的应激能力降低；青少年消瘦、体重过轻甚至出现智力障碍，成年人表现为疲倦、肌肉萎缩、贫血等。

对于大学生来说如何补充蛋白质呢？应首先了解哪些食物含蛋白质较多，哪些食物的蛋白质较易被人体吸收。谷类的蛋白质为 10% 左右，蛋白质含量不算高，但由于是人们的主食，所以仍然是膳食蛋白质的主要来源。豆类含有丰富的蛋白质，大豆，蛋白质含量高达 36%~40%，特别是制成豆腐或豆浆后更有利于人体的消化和吸收。鱼类的蛋白质含量为 12%~20%，肉类的蛋白质含量为 16% 左右，蛋类的蛋白质含量为 11%~14%，是优质蛋白质的重要来源，奶类一般为 3%~3.5%。可见，豆类是补充蛋白质既经济又方便的食物。

2. 脂肪

脂肪，被大多数大学生尤其是想身材苗条的同学所"痛恨"。过多的脂肪代表了肥胖，影响了身材，因此它的"社会形象"开始变得负面起来。

其实脂肪并不像人们所想的那样糟糕，它是细胞的重要组成成分，在维持细胞结构、功能中起着重要的作用。细胞膜是由磷脂、糖脂和蛋白质组成的类脂层，脂肪组织在体内储存有供能、调节体温和支持、保护脏器的作用。

脂肪是一种含热量很高的营养素，1 克脂肪在体内氧化分解可产生约 37.66 千焦的热量。

脂肪可增加食物的美味和人体的饱腹感，能使食物酥松、香脆，增进食欲，可延迟胃容物的排空。这就是很多人喜欢吃油炸类食品和肉类并且容易发胖的原因。

众所周知，摄入过量脂肪对人体是有害处的，脂肪在肝脏存积过多容易形成脂肪肝，脂肪肝可引起肝细胞纤维性病变，最后造成肝硬化，损害肝功能。脂肪肝是现代人的常见病，应引起人们的重视。摄入过量脂肪会导致体内热量过剩，使机体肥胖，易发生心血管疾病。

脂肪主要来自动物性食物，如奶油、猪油、牛油、骨髓、蛋黄；植物性食物中也含有丰富的植物性脂肪，如芝麻、大豆、菜籽、花生等。

3. 糖

糖又称为"碳水化合物"。糖是热能最经济和最重要的来源，1 克糖可在体内产生 16.74 千焦的热能。这就是人在饥饿时吃糖可以缓解饥饿感，在运动过程中吃糖可以补充能量的原因。

糖是大脑唯一的能量来源，是维持中枢神经系统正常生理功能的重要物质。人的大脑不能贮藏能量，全靠血糖供能。当出现低血糖的时候，人就会产生头晕、昏厥等症状。低血糖症是目前社会的常见病，一般有低血糖症状的人应经常随身携带糖果，以便需要时补糖，可见糖有时可起到救命的作用。

糖可以促进蛋白质的吸收和利用，有利于氨基酸的活化及蛋白质的合成，也就是糖能起到节约蛋白质的作用。人体在缺少蛋白质，或是蛋白质吸收不好的情况下，可以在补充蛋白质的同时进食一些含糖量高的食物。

此外，糖还具有保护肝脏、维持心肌和骨骼肌正常的功能。当机体缺糖时，心脏和骨骼肌工作能力下降，表现出耐力不足等症状。

人体可以从食物中获取糖。根茎类食物含糖较高，如土豆、红薯等。

4. 维生素

维生素是人们经常听到的名词，人们皆知补充维生素对人体有益，大量的广告也在宣传补充维生素的药品和营养品。但是人们究竟对维生素了解多少呢？知道不同的维生素族群具有不同的功效吗？下面就来介绍关于维生素的常识。

维生素的主要作用是调节物质代谢，保证人体正常的生理功能。人体日常出现的上火、眼干、脸上长痘、牙痛、皮肤干燥、脚气等症状，都可能与维生素的缺乏有关。人体内不能合成维生素或合成量甚微，不能满足需要，而且维生素在体内储存量很少，因此，必须经常通过食物补充维生素。

维生素可分为水溶性维生素和脂溶性维生素两大类，水溶性维生素主要有维生素 B、维生素 C 等，它们从肠道吸收后，多余部分大多由尿排出，体内储存甚少；脂溶性维生素主要有维生素 A、维生素 D、维生素 E、维生素 K 等，它们大部分由胆盐帮助吸收，可在体内大量储存。几种主要维生素的营养功用、来源及对应的缺乏症如表 2-6 所示。

表 2-6　几种主要维生素的营养功用、来源及对应的缺乏症

名称	营养功用	来源	缺乏症
维生素 A（视黄醇）	维持正常视力，防癌，促进皮肤愈合，促进骨骼生长、牙齿健康，增强免疫力	动物肝脏、蛋类、牛奶、胡萝卜等	夜盲症、眼干
维生素 D	促进生长和骨骼钙化、牙齿坚硬	肝、蛋黄、海鱼、晒太阳	骨软化病、儿童佝偻病
维生素 E（生育酚）	抗衰老，促进男性产生有活力的精子，提高生殖能力	植物油、豆类、蛋黄、黄油	不育症
维生素 K	促进凝血功能	蔬菜、鸡蛋、肝脏	血凝迟缓
维生素 B₁（硫胺素）	增进食欲，维持神经系统功能	瘦肉、谷类、豆类	食欲不振、消化不良
维生素 B₂（核黄素）	维持体内正常代谢，促进铁的吸收	内脏、牛奶、绿叶蔬菜	口腔炎、皮炎
维生素 C（抗坏血酸）	增强免疫力，预防感冒，促进伤口愈合	蔬菜、水果	抵抗力低，伤口不易愈合

5. 矿物质

矿物质也称无机盐。人体组织中几乎含有自然界存在的各种元素。人体重量的 96% 为

有机物和水分，4% 由无机元素组成。目前已发现 20 余种元素是构成人体组织、维持生理功能、生化代谢所必需的物质。

体内含量超过体重的 0.01% 的矿物质称为常量元素，如钙、磷、钠、钾、镁等，体内含量低于体重的 0.01% 的称为微量元素，如铁、锌、硒、碘等。

矿物质对头发的美容保健具有促进功能。铁、钙、镁、锌具有增强头发弹性和光泽的功用，有美发功能的食品有水果、干果、豆制品、乳类及动物肝脏。表 2-7 是对人体重要的几种矿物质的营养功用和来源。

表 2-7 对人体重要的几种矿物质的营养功用和来源

名称	营养功用	来源
钙	构成骨骼和牙齿，参与血凝，预防缺钙引起的抽筋	牛奶、豆制品、蔬菜
磷	构成骨骼与牙齿，调节体内酸碱平衡，参与物质能量代谢	鸡蛋、肉类、鱼类、豆类、绿色蔬菜等
氯化钠	防止体内水分丧失，维持体内酸碱平衡，增进食欲	食盐
铁	血红蛋白、肌红蛋白的构成成分，参与氧与二氧化碳的转变	肝脏、动物全血、肉类、雪里蕻（hóng）
锌	促进生长发育和组织再生，婴儿尤其需要，促进食欲，提高免疫力	海带、牡蛎、茄子、扁豆等
碘	促进维生素的吸收利用，调节水盐代谢，促进生长发育	海带、紫菜

6. 水

水是人体内含量最多的成分，各器官都含有水，它占成人体重的 57%~60%。人体若丢失水分超过体重的 10% 以上，生命活动将无法维持。水具有非常重要的营养功能。

水是细胞和体液的重要成分，体内各种生理生化反应都是以水为介质进行的，水能够运输和排出体内废弃物，如体内的某些毒素可随尿液排出。

水还参与维持体温的恒定。水能吸收较多的热量，以保持体温不至于发生明显波动。人体产生的热量可通过汗液蒸发散热。

水是人体的润滑液，可使摩擦面润滑，减少损伤。各关节、肌肉、体腔、呼吸道和器官等处都能分泌润滑液，有良好的润滑作用。

正常人体每天需水 2 000~2 500 毫升，人们应该养成科学饮水的习惯。例如清晨喝一杯温开水，饭前先喝温水，运动之后口渴应该少量、多次补水，不能暴饮等。

2.3.2 科学制定运动处方

对于高职学生来说，科学制定运动处方，就是能够根据自身情况，有目的、有计划、科学地锻炼，以达到健康的目的。要想制定运动处方，需要明确以下几项内容。

1. 运动处方的内容

（1）运动目的。人们参与体育锻炼的目的有强身保健、防治疾病、健美减肥、消遣娱乐及提高运动成绩等。

（2）运动种类。运动种类有有氧运动、伸展运动和力量性运动，不同运动种类的运动项目、目的、特点如表2-8所示。

表2-8　不同运动种类的特点

运动种类	运动项目	运动目的	运动特点
有氧运动	长走、慢跑、游泳、自行车、跳绳等	减肥、防治慢性疾病	持续时间在30分钟以上
伸展运动	太极拳、放松操、舞蹈等	消除疲劳、改善心情	负荷小
力量性运动	杠铃、哑铃等运动器械	增强肌肉力量、塑造健美体形	适合年轻人

（3）运动强度。心率是衡量运动强度的简单标准。心率越高说明运动强度越大。

对于健康人来说，运动适宜心率=180（或170）-年龄。

（4）运动时间。

根据不同体质和年龄特点可选用相应的运动时间和强度。如健康成年人，宜采用中等强度、长时间运动；体质弱或有疾病症状者，采用低强度、长时间运动；年轻、体质好的宜采用高强度、短时间运动。

（5）运动频度。

运动频度指每周锻炼次数。可根据运动强度和每次运动时间调整运动频度，一般每周4~5次比较适宜。体育运动贵在坚持，切忌三天打鱼两天晒网，突袭式的运动对人体健康的作用是非常微弱的。

2. 运动处方的制定

制定运动处方的关键是从自身情况出发，掌握安全强度，适时调整运动处方内容。能够提高灵敏性和协调能力的间歇式跳绳运动处方，如表2-9所示。

表2-9　提高灵敏性和协调能力的间歇式跳绳运动处方

步骤/单元	主要运动方式	运动时间/分钟
1.1	跳8次，每次20秒，休息10秒	4
1.2	跳10次，每次20秒，休息10秒	5
1.3	跳12次，每次20秒，休息10秒	6
1.4	跳14次，每次20秒，休息10秒	7
1.5	跳16次，每次20秒，休息10秒	8
2.1	跳9次，每次30秒，休息10秒	6
2.2	跳10次，每次30秒，休息10秒	7
2.3	跳11次，每次30秒，休息10秒	7.5

续表

步骤/单元	主要运动方式	运动时间/分钟
3.1	跳 12 次，每次 30 秒，休息 10 秒	8
3.2	跳 8 次，每次 45 秒，休息 15 秒	8
3.3	跳 10 次，每次 45 秒，休息 15 秒	10
3.4	跳 12 次，每次 45 秒，休息 15 秒	12
4.1	跳 8 次，每次 1 分钟，休息 30 秒	12
4.2	跳 10 次，每次 1 分钟，休息 30 秒	15
5.1	跳 12 次，每次 1 分钟，休息 30 秒	18
5.2	跳 14 次，每次 1 分钟，休息 30 秒	21

2.3.3　运动损伤的防治

经常参加体育运动的人，或多或少都有过运动损伤的经历，因此了解一些运动损伤的知识是十分必要的。

对于高职学生来说，应该掌握运动损伤的原因，运动损伤的急救与处理办法，知道如何避免和减少运动损伤。

1. 运动损伤产生的原因

（1）缺乏合理的准备活动。很多学生在进行体育锻炼或比赛时，忽视合理的准备活动，往往造成损伤。结合以下几点，思考一下你在运动前是否合理地做准备活动了？

- 不做准备活动或准备活动不充分。
- 准备活动的内容与正式运动的内容结合得不好。
- 准备活动的量过大。
- 准备活动的强度安排不当。
- 准备活动距正式运动的时间过长。

（2）技术上的错误。很多运动损伤是初参加专项运动或学习新动作时容易产生的。例如，做前滚翻时，因头部姿势不正确而引起颈部扭伤；排球上手传球时，因手势不正确而引起手指挫伤；橄榄球接球时，因手势不正确导致手指或面部损伤。

（3）运动负荷（尤其是局部负担量）过大。这种原因的运动损伤容易出现在学校体育代表队队员的身上。由于其对某一单项技术练习时间过长，造成局部负担过重，容易造成损伤。

（4）组织方法不当。由于体育教师在安排学生练习时组织不当，造成意外损伤。例如安排橄榄球传球时，左右间隔过密，容易造成两人撞在一起，引发损伤。

（5）动作粗野或违反规则。学生在比赛中不遵守比赛规则，或在练习动作时互相逗闹、动作粗野等，这些是造成运动损伤的重要原因。

（6）场地设备的缺点。运动场地不平，器械维护不良或年久失修等客观原因造成的运动损伤。

（7）不良气候的影响。寒冷的天气下，在室外运动容易造成肌肉拉伤。气温过高时，容易造成中暑，或大量出汗而导致虚脱。

2. 运动损伤的一般处理方法

（1）先冷后热防肿痛。

挫伤、关节韧带扭伤、早期肌肉拉伤等急性闭合性软组织损伤发生后，立即进行冷敷，如用自来水冲洗扭伤部位，通过这种方法可以使血管收缩，减轻局部充血，抑制感觉神经，缓解症状。

运动损伤经过 24 小时后可以用热疗法。它能扩张局部血管，增强血液和淋巴循环，提高组织的新陈代谢，解除肌肉痉挛，加速淤血和渗出液的吸收。热敷一般采用热水袋或热毛巾，每天 1～2 次，每次 20～30 分钟。如果有条件的话，可以用红外线照射治疗，灯距一般控制在 30～50 厘米。

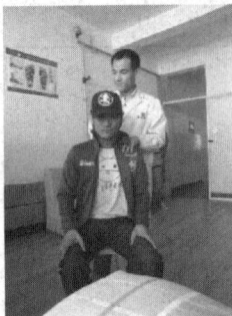

（2）按摩疗法。

按摩是治疗软组织损伤的重要方法，不仅疗效显著，而且经济、简便、易学。按摩疗法如图 2-1 所示。

（3）护具的使用。

正确使用保护装备，如护踝、护腰等，能促进损伤组织愈合并防止再伤。常见的做法有在运动时戴上护踝（如图 2-2 所示）或护膝（如图 2-3 所示），保护受伤的脚踝或膝关节部位，以防再次损伤。

（4）急救方法。

图 2-1 按摩疗法

人工呼吸（见图 2-4）是常用的急救方法。其顺序是：让病人仰卧→救护人深吸一口气→用手将病人鼻孔捏住→对着病人的口（要对紧不要漏气）将气吹入（帮助吸气）→放开捏住的鼻孔→用手压病人胸部（帮助呼气）。如此反复进行，每分钟进行 14～16 次。

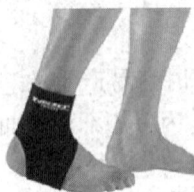

图 2-2 护踝

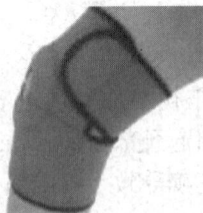

图 2-3 护膝

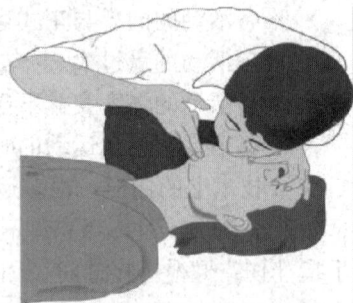

图 2-4 人工呼吸

2.3.4 女子卫生保健

女子具有许多决定其主要机能形态的生理特点，在进行体育运动或体育竞赛时，必须遵循女子的生理特点，特别是进入青春期后的某些特殊生理特点。女子应选择适宜的运动项目，安排适当的运动量，并注意相应的卫生要求，尤其要注意女子月经期的运动卫生。

1. 女子生理特点

（1）运动系统的特点。女子身高、体重一般低于男子。女子躯干长、四肢短、肌肉比重小（女子 32% ~ 35% 、男子 40% ~ 45% ）、脂肪比重大（女子 28% 、男子 18% ）、胸廓小，但女子盆骨宽、重心低、关节韧带富有弹性、椎间盘厚、脊柱韧性好。

（2）呼吸系统的特点。女子的胸廓和肺脏的容积都小，加上女子呼吸肌肉力量较弱、呼吸深度浅、肺通气量小，因而肺活量小于男子。

（3）心血管系统的特点。女子心脏体积较小，心脏重量较男子轻 10% ~ 15% ，心脏容积也比男子小，所以女子的心血输出量小，安静时的脉搏率比男子高，心脏收缩力量比男子弱，血压比男子低。

2. 女子运动的特殊要求

（1）女子进入青春期以后，身体形态、机能、素质和心理等方面均发生了变化，尤其是生殖系统变化更大。因此，男女生最好分班上体育课。

（2）由于女子运动器官、心血管系统和呼吸系统的机能都不及男子，因此在运动项目、运动内容、运动负荷和体育教学手段与方法方面，一定要符合女子的特点。

（3）女子的有氧与无氧代谢功能较差，在进行速度和耐力练习时，应掌握适宜的运动强度和持续时间。

（4）注意发展女子的肩带肌、腰背肌、腹肌，这些肌肉是女子的薄弱部位。

3. 月经期的体育锻炼

在月经期间，人体一般不会出现异常变化。因此，月经正常的女子在月经期间，可以随班上体育课，做些轻微活动，如慢跑、软式排球等。通过这些活动，不仅可以改变盆腔的血液循环，减轻盆腔的充血现象，还有助于经血的排出。此外，丰富多彩的体育活动，还可以调节大脑皮层的兴奋和抑制过程，从而减轻全身的不适反应。

一般情况下，女子在月经期间的身体反应能力、适应能力、肌肉力量、神经调节的准确性等都有可能下降。因此，月经期间运动量的安排要适量减少，运动时间不宜过长，应避免做剧烈运动。女子在月经期的体育锻炼应注意以下几方面。

（1）避免进行剧烈的、震动大的跑、跳动作和力量练习，以免造成子宫的移位和经血过多。

（2）凡有痛经、腰背酸痛、下腹痛、经血过多、经期不正常者均应暂停体育锻炼。

（3）月经期间不宜游泳。月经期间要避免寒冷刺激（如冷水浴），以避免发生痛经、闭经或月经淋漓不净的情况。月经期间也不宜阳光浴。

（4）月经期间能否参加训练，应根据个人的情况区别对待。如果月经正常，无特殊反应，月经期可以参加运动或训练，但应注意调节运动量，并要加强医务监督。

本章思考与练习题

1. 测一测自己是不是处于亚健康状态，得分是多少？

2. 给自己制定一个科学的运动处方。

第三章

职业休闲健身

▶ **本章学习提示**

1. 了解职业所需体能。
2. 根据所学专业，掌握提高职业体能的方法。

3.1 职业健康概述

3.1.1 不同职业所需体能及素养

体能对于健康的促进作用表现为预防慢性病的发生和发展，提高机体免疫能力，使人体拥有更多的生命激情，保持心理健康等。

不同职业所需体能及素养，如表 3-1 所示。

表 3-1 不同职业所需体能及素养

序号	岗位类型	职业举例	对应专业	所需体能	素养
1	流动交往型	营销员、市场管理员	市场营销、旅游、金融、行政管理	腰、腿力量，耐久力	形态气质交际能力团队精神
2	站姿对外交往型	前厅接待、售楼（车）员	英语、酒店管理	腰、腿力量	姿态、交际能力
3	坐姿型	会计、秘书	会计、文秘、网络、信息、制图	颈、肩部力量，指、腕力量	心理调节能力、坐姿、团队精神
4	工厂操作型	生产线操作员、维修员	模具、数控、机电、汽车、物流	上、下肢力量，腰腹力量，灵敏性	意志品质、团队精神

3.1.2 职业所需体能

职业所需体能主要体现在以下几点：

1. 神经肌肉协调性与反应时间

神经肌肉协调性主要反映一个人的视觉、听觉和平衡感与熟练的动作技能相结合的能力。反应时间是速度素质的一种表现形式，是指从给予刺激到开始发生动作之间的时间。反应时间短，表示反应速度快。在职业方面，神经肌肉协调性与反应时间对巩固技能定型、提高技能及判断力有明显作用。

2. 肌肉力量与耐力

良好的肌肉力量与耐力能有效地减少职业性损伤。

3. 灵敏性与平衡能力

对从事高空作业、交通运输等职业人员而言，灵敏性与平衡能力是不可缺少的体能。

4. 柔韧性

良好的柔韧性对提高身体活动范围、改善体态有明显作用。

5. 应激与心理调节

积极的应激有助于职业人员更好地适应工作环境，增强心理调节能力与抗挫折能力。

3.2　不同职业休闲健身法

3.2.1　流动交往型健身法

1. 等公交车健身法

等公交车时左顾右盼、翘首以待、心急如焚等情况，大家可能都体验过。被动等车，不仅使自己心情不好，还浪费时间。

等公交车健身法，就是利用等车的间隙关注一下自己的身体，伸伸胳膊踢踢腿，使焦躁的心情不翼而飞，取而代之的是健康的身体以及平和的心态。

（1）颈部练习，可以左右转动，也可头部绕环，8～12次，如图3-1所示。

（2）腿部静力练习，左右腿交替进行，6～8次，如图3-2所示。

（3）腰部练习，体转体侧交替进行，10次左右，如图3-3所示。

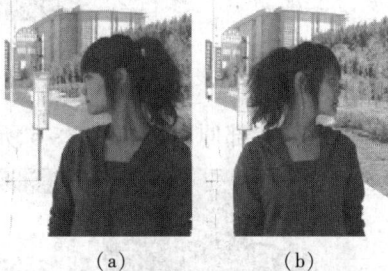

（a）　　　　（b）

图3-1　颈部练习

（a）　　　　（b）

图3-2　腿部静力练习

（a）　　　　（b）

图3-3　腰部练习

2. 驾车间隙健身法

汽车逐渐成为普通人的代步工具，利用等红灯的时间舒展一下关节，是非常好的选择，既可避免焦躁心情，又可舒张筋骨。需要注意的是，在进行此项运动时务必将汽车挂入N档或P档，做好制动。

（1）肩部侧伸，如图 3 – 4 所示。

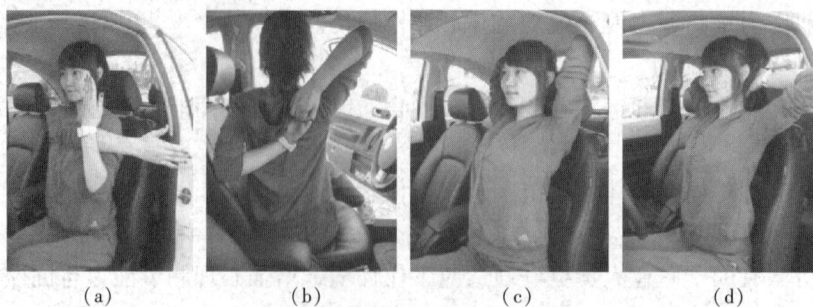

（a）　　　　　（b）　　　　　（c）　　　　　（d）

图 3 – 4　肩部侧伸

（2）手臂伸展，如图 3 – 5 所示。

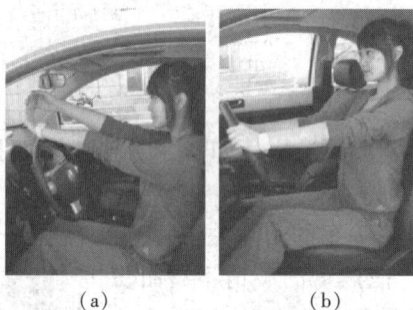

（a）　　　　　（b）

图 3 – 5　手臂伸展

（3）胸背部伸展，如图 3 – 6 所示。

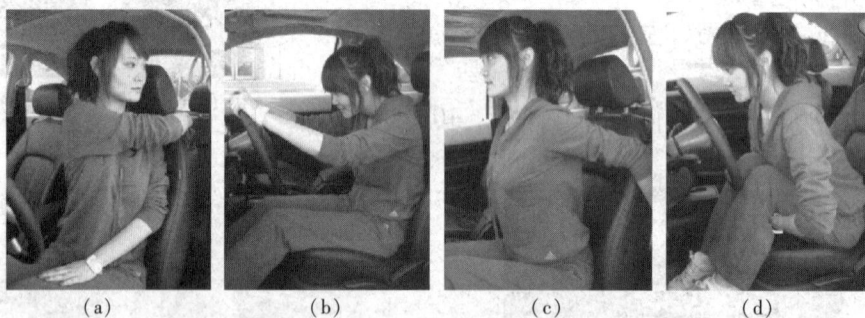

（a）　　　　　（b）　　　　　（c）　　　　　（d）

图 3 – 6　胸背部伸展

（4）踝关节练习，如图 3 – 7 所示。

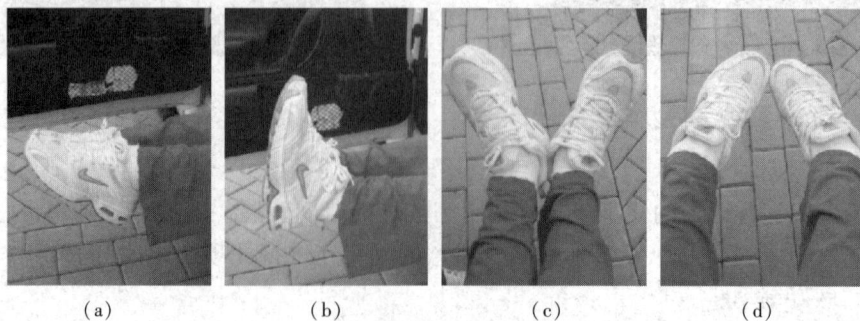

（a）　　　　　（b）　　　　　（c）　　　　　（d）

图 3 – 7　踝关节练习

3.2.2 站姿对外交往型健身法

从事站姿对外交往型职业的人员格外注重身体姿态的优美，若想保持良好的站姿，就要在平时坚持锻炼。假如没有时间去健身房，那就在家健身吧，效果也相当好。

1. 利用看电视时间健身

（1）腿部练习。平躺"骑自行车"，如图3-8所示；坐姿举腿，如图3-9所示。

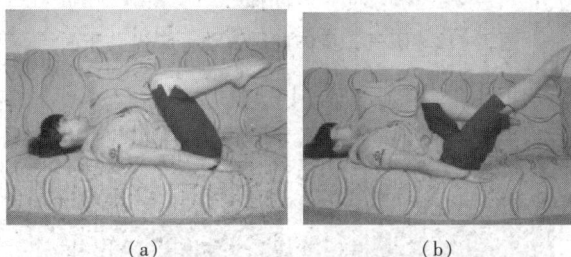

（a）　　　　　　　　　　（b）

图3-8　平躺"骑自行车"

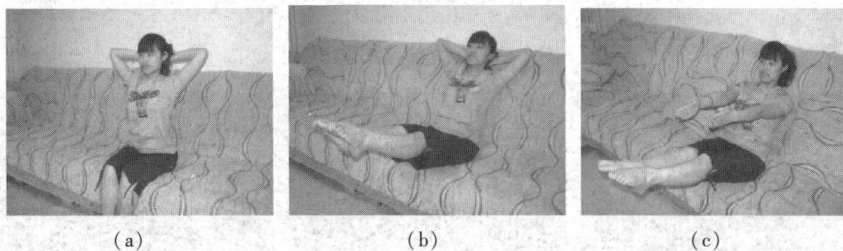

（a）　　　　　　　（b）　　　　　　　（c）

图3-9　坐姿举腿

（2）腰部练习，如图3-10所示。

（a）　　　　　　　（b）　　　　　　　（c）

图3-10　腰部练习

2. 利用睡前时间健身

（1）呼气时收腿、弓背、低头，吸气时抬头、抬腿，如图3-11所示。

（a）　　　　　　　（b）　　　　　　　（c）

图3-11　收腿、弓背、低头、抬头、抬腿

（2）吸气，身体向后滚动，双手托住腰部，脚尖尽量贴住床面，如图3-12所示。

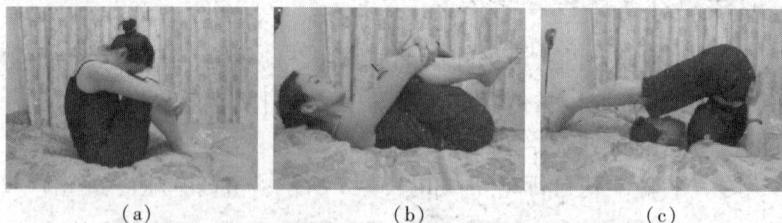

（a）　　　　　　　　（b）　　　　　　　　（c）

图3-12　吸气，身体向后滚动，脚尖贴床面

（3）腹部赘肉塑形，如图3-13、图3-14所示。

（a）　　　　　　　　（b）

图3-13　腹部赘肉塑形1

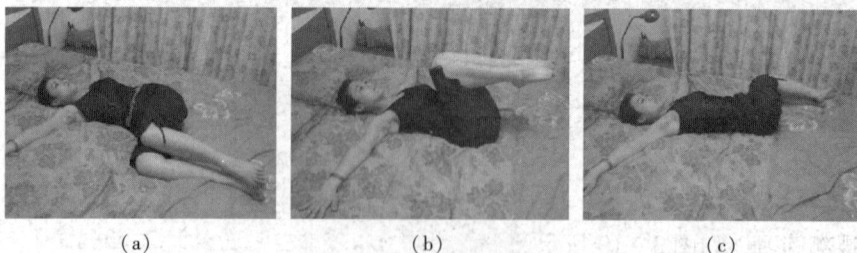

（a）　　　　　　　　（b）　　　　　　　　（c）

图3-14　腹部赘肉塑形2

（4）强健腰部肌肉，左臂、右腿同时抬起，协调配合，如图3-15所示。

（a）　　　　　　　　（b）

图3-15　强健腰部肌肉

（5）放松练习，有助睡眠，如图3-16、图3-17所示。

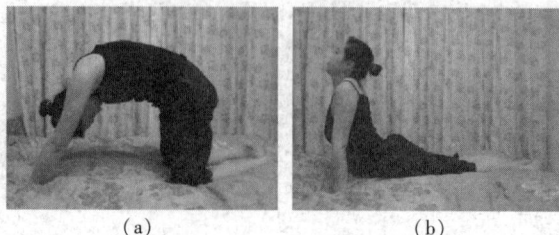

（a）　　　　　　　　（b）

图3-16　放松练习1

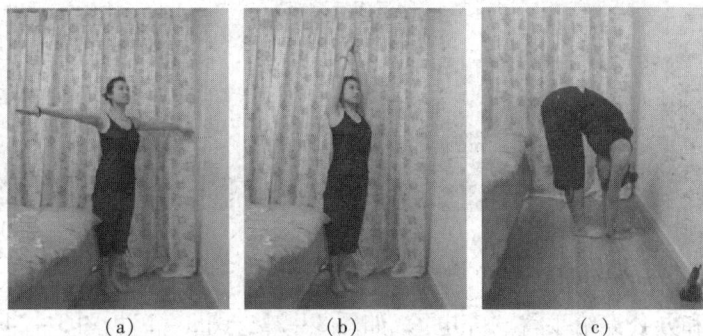

图 3 – 17 放松练习 2

3.2.3 坐姿型健身法

办公室一族往往下班之后没有时间去健身房健身，一整套简单且不需要专门器材的动作，适合在办公室进行锻炼。只需挤出一点聊天时间、发呆时间，就可以达到缓解疲劳、健体塑身的效果。

1. 头部练习

从头做起，进行头部练习，如图 3 – 18 所示。

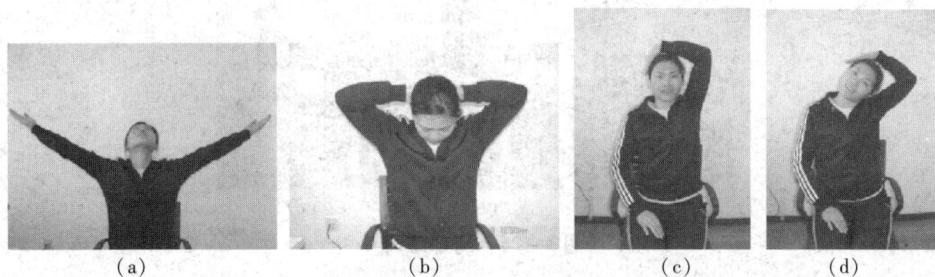

图 3 – 18 头部练习

2. 肩部练习

（1）右肩提起保持 5 秒钟，然后放松，左右肩交替进行，如图 3 – 19 所示。

（2）利用办公桌压肩，坚持 10 秒钟，提高肩部柔韧性，如图 3 – 20 所示。

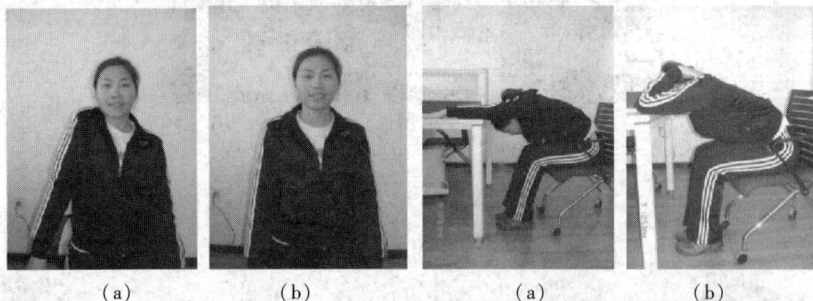

图 3 – 19 肩部练习 1　　　图 3 – 20 肩部练习 2

（3）利用书加强肩部力量，如图 3 – 21 所示。每组 14～16 次。

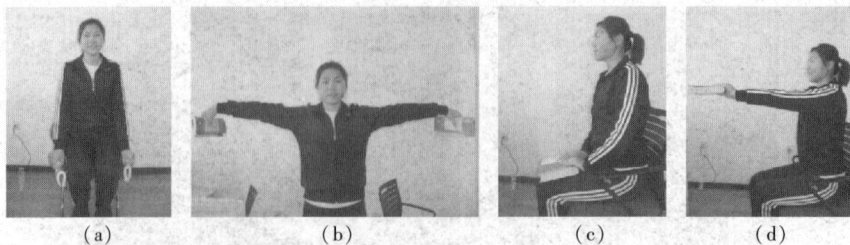

图 3 – 21　肩部练习 3

（4）利用书和办公桌给手臂"充电"，如图 3 – 22、图 3 – 23、图 3 – 24 所示。

图 3 – 22　肩部练习 4

图 3 – 23　肩部练习 5

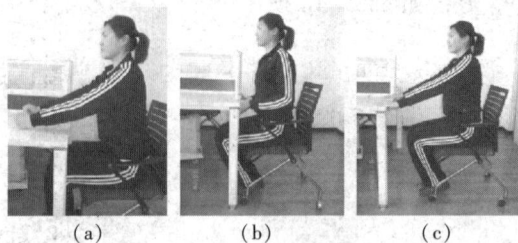

图 3 – 24　肩部练习 6

3. 手部练习

进行手部练习，提高手部灵巧性，如图 3 – 25、图 3 – 26 所示。

图 3 – 25　手部练习 1

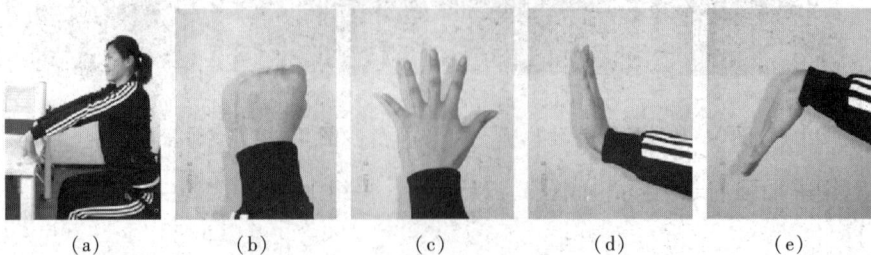

图 3 – 26　手部练习 2

4. 腰背练习

（1）坐姿收腿，锻炼腹部，每组 10 次以上，如图 3 - 27 所示。

（2）坐姿转腰，缓解疲劳，可在工作中随时进行，如图 3 - 28 所示。

（a）	（b）

图 3 - 27 坐姿收腿

（a）	（b）

图 3 - 28 坐姿转腰

（3）站姿腰背部伸展，动作要慢，幅度尽量大，如图 3 - 29 所示。

（a）	（b）	（c）

图 3 - 29 腰背部伸展

（4）肌肉强化练习。体侧负重收腰，如图 3 - 30 所示；"桥状"收腰，如图 3 - 31 所示。

（a）	（b）

图 3 - 30 体侧负重收腰

（a）	（b）

图 3 - 31 "桥状"收腰

5. 腿部练习

（1）坐姿负重抬腿，如图 3 - 32 所示。

（a）	（b）

图 3 - 32 坐姿负重抬腿

（2）坐姿、站姿摆腿，如图 3 - 33、图 3 - 34 所示。

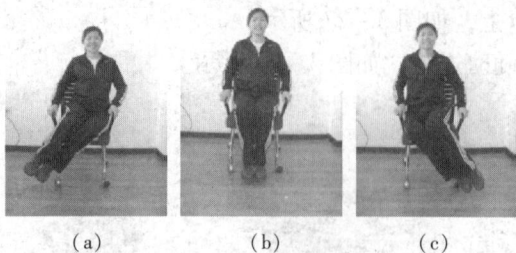

（a）　　　　　（b）　　　　　（c）

图 3 - 33　坐姿摆腿

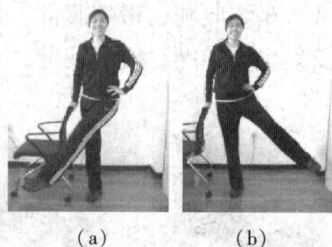

（a）　　　　　（b）

图 3 - 34　站姿摆腿

3.2.4　工厂操作型健身法

工厂操作往往需要全身各部位力量的支持，如果利用在家休息或每晚看电视的时间进行主动锻炼，会给身体带来能量储备。对于每个人来说这是非常简便的，可以买一副哑铃（也可用装满水或沙的瓶子）进行家庭力量训练。每晚抽出半小时，就可以缓解工作疲劳，提高对高强度工作的适应力。

1. 伸展运动

（1）头部拉伸，如图 3 - 35 所示。每个位置坚持 8 秒钟。

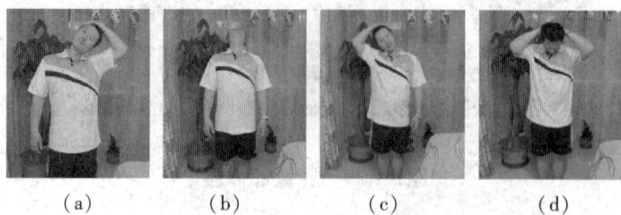

（a）　　　　　（b）　　　　　（c）　　　　　（d）

图 3 - 35　头部拉伸

（2）手臂平展上举，手臂手指充分伸直，连续往返 30 次，如图 3 - 36 所示。

（a）　　　　　（b）

图 3 - 36　手臂平展上举

（3）全身舒展，动作连接要慢，固定动作 5 秒钟，如图 3 - 37 所示。

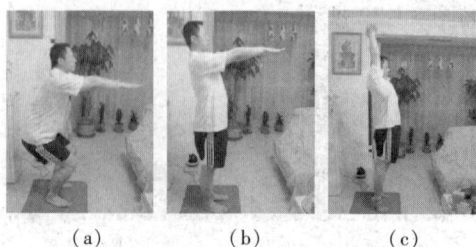

（a）　　　　　（b）　　　　　（c）

图 3 - 37　全身舒展

2. 上肢负重练习

每天可选择不同部位进行练习，在练习的初始阶段负重可以轻一些，随着力量的增加，逐渐增加重量，以免造成畏惧心理，无法坚持。

上肢负重练习，如图3-38至图3-42所示。

(a)　　　　　　　(b)

图3-38　上肢负重练习1

(a)　　　　　　　(b)

图3-39　上肢负重练习2

(a)　　　　　　　(b)

图3-40　上肢负重练习3

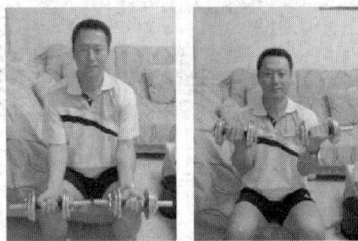

(a)　　　　　　　(b)

图3-41　上肢负重练习4

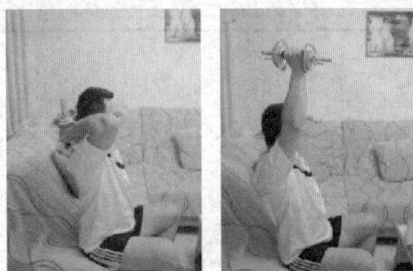

(a)　　　　　　　(b)

图3-42　上肢负重练习5

3. 沙发上的练习

(1) 侧卧、坐姿举腿，如图3-43、图3-44所示。

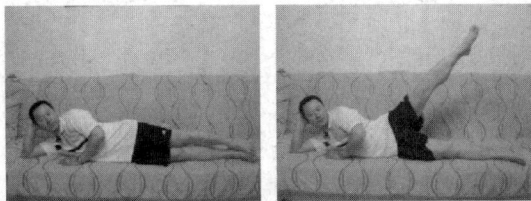

(a)　　　　　　　(b)

图3-43　侧卧举腿

图3-44　坐姿举腿

（2）背弓两头起，如图 3 - 45 所示。

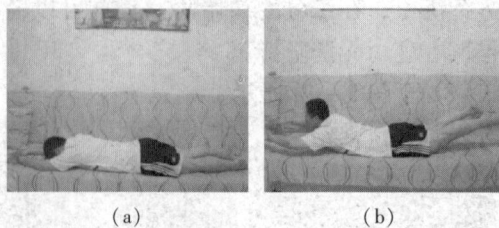

图 3 - 45　背弓两头起

（3）改变看电视时的坐姿，时时刻刻健身，如图 3 - 46 所示。

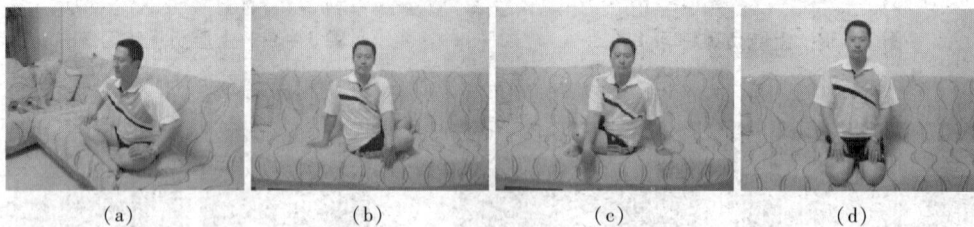

图 3 - 46　看电视时的坐姿

本章思考与练习题

结合自己的职业类型，制定一套健身方法。

第四章

组织体育竞赛

▶ 本章学习提示

1. 培养组织能力，展现自我魅力，体现个人价值。
2. 丰富企业文化生活，强健员工体魄。
3. 以举办职工软式排球比赛为例，教你如何组织体育竞赛。

4.1 赛前准备

一般工厂或单位举办排球比赛的目的都是以娱乐为主，因此比赛的组织工作主要应注意员工的参与积极性，争取更多的员工参加比赛，对排球规则可进行适当修改。

1. 组织报名

一般采用男女混合报名，每队上场比赛至少要 2 名女队员；年龄上也要体现老、中、青都要参与的原则，例如每一名 50 岁以上的员工上场，在每局开始前加 2 分。

2. 购买奖品

奖品是促进员工积极参赛的动力，可根据单位财政情况适当购买。

3. 布置场地器材

比赛可在本单位进行，也可租用场馆。球网高度根据参赛员工情况适当降低 2 ~ 2.2 厘米。采用弹性较好的软式排球。准备记分牌。

4. 明确裁判员

如果本单位没有能担任裁判的人员，可聘请附近学校体育教师或体育院校学生。

5. 比赛编排

基层的软式排球比赛队伍不会太多，若参赛队伍在 8 支以下，可采用单循环编排。比赛编排如表 4 - 1 所示。

表 4 - 1　比赛编排

第一轮	第二轮	第三轮	第四轮	第五轮	第六轮	第七轮
1 ~ 0	0 ~ 5	2 ~ 0	0 ~ 6	3 ~ 0	0 ~ 7	4 ~ 0
2 ~ 7	6 ~ 4	3 ~ 1	7 ~ 5	4 ~ 2	1 ~ 6	5 ~ 3
3 ~ 6	7 ~ 3	4 ~ 7	1 ~ 4	5 ~ 1	2 ~ 5	6 ~ 2
4 ~ 5	1 ~ 2	5 ~ 6	2 ~ 3	6 ~ 7	3 ~ 4	7 ~ 1

6. 编排技巧

最大的一个编号数（或 0）在左上角或右上角轮转占位，上轮右下角的编号数在下轮的左上角或右上角轮转占位。

4.2　赛中工作

赛中工作主要是保证比赛的顺利进行，有条件的可印制简易计分表、成绩表等。及时通知各队下一场比赛时间，及时公布每场比赛结果，给各参赛队拍照留念。

4.3　赛后工作

在单位宣传栏公布比赛结果，展示精彩照片。为队伍颁奖，一般应保证所有参赛队员均有不同的奖品。

4.4　案例

2020 年辽宁装备制造厂职工
软式排球比赛

秩
序
册

比赛时间：
2020 年 6 月 7 日—6 月 11 日
比赛地点：
工厂排球场

目录

一、排球比赛规程
二、组委会名单
三、各代表队名单
四、竞赛日程表
五、成绩登记表

2020 年辽宁装备制造厂职工软式排球比赛规程

一、主办单位：辽宁装备制造厂工会

二、竞赛日期、地点：2020 年 6 月 7 日开始，工厂排球场

三、参加单位：各车间

四、参加方法：每车间报 1 队，每队至少 2 名女队员

五、参赛方法：

1. 单循环赛。

2. 比赛采用三局二胜制，胜一场得 2 分，负一场得 1 分，弃权取消全部比赛成绩。各队应按规定时间准时到场比赛，迟到 10 分钟以上作弃权处理。

3. 如遇两队或两队以上积分相等的，则采用下列办法决定名次：

A（胜局总数）$/B$（负局总数）$= C$（值）

C 值高者名次前列。

如 C 值仍相等，则采用：

X（总得分数）$/Y$（总失分数）$= Z$（值）

Z 值高者名次前列。

4. 竞赛规则：采用国家体育总局审定的 2001—2004 年排球规则。（不设"自由人"）

5. 特殊规定：每局至少有 2 名女队员上场。如有 50 岁以上队员上场，则在本局开始前加 2 分，该队员在本局比赛开场 15 分钟后可被替换下场。

六、录取名次与奖励：

1. 前三名获团体奖及个人奖品。

2. 另设最佳参与奖、最佳表现奖。

七、报名：报名表于 2020 年 6 月 2 日 16：30 前送交工会，当场抽签。

八、本规程解释权属主办单位，未尽事宜另行通知。

组委会名单

主任：李元

副主任：朱尚、赵涛

器材组：黎明、田爽、王晓梦

宣传报道组：李俐、金甜

裁判员：杨平、张明、李海东、姚明

各代表队名单：（略）

竞赛日程表

日期	时间	比赛队	场序
6月7日	12：00	机床——数控	1
	12：30	模具——机关	2
	13：00	机电——汽车	3
6月8日	12：00	数控——汽车	4
	12：30	机关——机电	5
	13：00	机床——模具	6
6月9日	12：00	模具——数控	7
	12：30	机电——机床	8
	13：00	汽车——机关	9
6月10日	12：00	数控——机关	10
	12：30	机床——汽车	11
	13：00	模具——机电	12
6月11日	12：00	机电——数控	13
	12：30	汽车——模具	14
	13：00	机关——机床	15

成绩登记表

队名	机床	模具	机电	汽车	机关	数控	积分	(C)值	Z值	名次
机床	—	： ：	： ：	： ：	： ：	： ：				
模具	： ：	—	： ：	： ：	： ：	： ：				
机电	： ：	： ：	—	： ：	： ：	： ：				
汽车	： ：	： ：	： ：	—	： ：	： ：				
机关	： ：	： ：	： ：	： ：	—	： ：				
数控	： ：	： ：	： ：	： ：	： ：	—				

本章思考与练习题

制定一个小规模的球类比赛规程。

第五章

大球运动

▶ **本章学习提示**

1. 了解大球运动的基本技术及基本战术。
2. 根据自己的兴趣爱好掌握一至两个大球项目。

5.1 篮球

5.1.1 篮球运动概述

篮球运动是美国马萨诸塞州斯普林菲尔德市基督教青年会训练学校体育教师詹姆士·奈·史密斯博士于 1891 年冬天发明的，1895 年传入中国。篮球运动竞争性强，锻炼价值高，深受广大青少年学生的喜爱，在学校体育运动中占有重要地位。

篮球运动的主要特点：

（1）高速度、高强度。传球、运球、突破都是快速、突然、有力的，并在激烈对抗中完成技术动作，强调高空技术和高空优势，是高度与速度的完美结合。

（2）高度的技巧性。传、运、投等技术动作要求达到熟练自如、出神入化的地步，攻守对抗异常激烈，对争抢能力要求很高。

经常参加篮球运动能改善中枢神经系统的机能，使运动分析器、前庭分析器特别是视觉分析器得到良好的训练，有利于促进学生动作的协调性，提高观察、判断和反应能力，增强循环、呼吸等器官系统的功能。紧张激烈的篮球比赛还可以培养学生积极、果断、勇敢、顽强的战斗意志和集体主义精神。

5.1.2 篮球运动基本技术

篮球运动基本技术是在篮球比赛中为了一定目的所运用的各种专门动作、方法的总称。篮球运动基本技术是战术的基础，它制约着篮球战术的运用，可简单分为进攻技术与防守技术两大部分，包括移动、持球手法、传接球、运球、持球突破、投篮、防守和抢篮板球等。

1. 移动

在篮球运动中，移动是指队员为了改变位置、方向、速度和争取高度等所采用的各种脚步动作方法的总称。

（1）基本站立姿势和起动。

① 基本站立姿势：两脚平行或前后开立，与肩同宽，两膝自然弯曲，身体重心落在两脚之间，上体正直稍前倾，两眼平视，时刻保持起动状态。

② 起动：身体重心向跑动方向移动，后脚（向前起动）或异侧脚（向侧起动）的前脚

掌突然用力蹬地，同时上体迅速前倾或侧转，手臂协调地摆动，充分利用蹬地的反作用力，迅速向跑动方向迈出。

（2）滑步：滑步是篮球运动中个人整体防守移动技术中的基本脚步动作，有侧滑步、前滑步、后滑步三种。

（3）急停：急停是指队员在跑动过程中与接球技术结合运用，呈面向对手的姿势，或在徒手跑动时用于摆脱对手的方法。常用的急停有跨步急停、跳步急停。急停的练习方法有以下两种。

① 利用端线—罚球线—中线—罚球线—端线做急停急起的练习。

② 慢跑或中速跑中听或看信号做跨步急停和跳步急停练习。

2. 持球手法

无论是单手传球或双手传球，都是由双手持球开始，所以，双手持球是最基本的持球手法，如图 5 - 1 所示。

双手持球手法：双手自然分开，拇指相对成"八"字形，用指根以上部位握住球的两侧后下方，手心空出，两臂弯曲，肘关节自然下垂，持球于胸前。

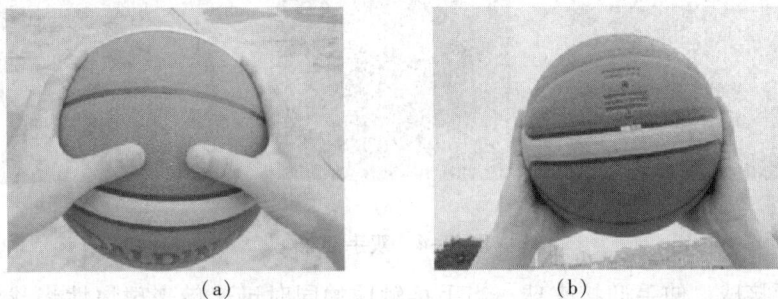

(a)　　　　　　　　　　　　(b)

图 5 - 1 双手持球手法

3. 传接球

（1）双手胸前传球：双手持球，两拇指位于球后侧且呈"八"字形，其余四指分开置于球侧，掌心不要触球。传球时，迅速向传球方向伸臂，重心前移，拇指用力下压，手腕前屈，食指和中指拨球，如图 5 - 2 所示。

扫一扫

练一练

(a)　　　　　　　　(b)　　　　　　　　(c)

图 5 - 2 双手胸前传球

（2）单手肩前传球：在单手持球的基础上，借助蹬地和重心前移的力量，手臂向前方挥动，手指快速拨球，使球向目标方向飞出，如图 5 - 3 所示。

扫一扫

练一练

图5-3　单手肩前传球

（3）双手接球：接球时，注视来球，手指自然分开，手心空出，双臂向前伸出；在手触球时，双臂顺势随球后引缓冲来球的力量，如图5-4所示。

图5-4　双手接球

（4）单手接球：伸手迎接来球，当手接触球的同时迅速借来球惯性将球后引至胸前，呈双手接球姿势，如图5-5所示。

图5-5　单手接球

（5）传接球学练方法：

①两人原地传接球练习。两人一组，距离3~5米，此种练习形式可练习各种传球。

②三角传球跑动换位练习。分三组成三角形队列，练习可按顺时针方向传球，也可按逆时针方向传球，传球人传球后跑到接球人队尾，依次循环练习。

4. 运球

运球是指原地或行进中用单手连续拍地面上的反弹球的动作方法。

（1）运球的方式：运球的方式有原地运球（见图5-6）、行进间运球、运球急停急起、体前变向运球、运球转身、背后运球、胯下运球等。

（a）　　　　　　　　　（b）　　　　　　　　　（c）

图5-6　原地运球

（2）运球的学练方法：

① 原地运球，使手腕和手指流畅地拍按球，注意不要猛力地拍打球。手腕和手指要灵活，学会凭感觉运球，而不是依靠视觉帮助运球，然后逐渐过渡到行进间运球。

② 全场曲线运球练习，分两组在两端线外，两组第一名队员同时运球，在每个标志点前做各种形式的运球，练完排在另一组队尾。

③ 不断地变换运球的高度、方向，以及各种运球姿势、动作。

5. 持球突破

持球突破是持球队员将脚步动作同运球技术结合起来的快速超越防守队员的一项攻击性较强的技术。持球突破的动作方法分为原地交叉步突破和原地顺步突破。

（1）原地交叉步突破：以右脚做中枢脚为例。两脚左右开立，两膝微屈，持球于胸腹之间。突破时，可先做投篮的假动作，左脚脚掌迅速蹬地，上体稍向右转，左肩向前下压，重心向右前方移动，左脚向右侧前方跨出。双手引球于体右侧，左手在球前侧下，右手在球后侧上，接着用右手向前下方推放球，且右脚用力蹬地，迅速超越防守，原地交叉步突破如图5-7所示。

（2）原地顺步突破：以左脚做中枢脚为例。准备姿势和突破前的动作要求与交叉步相同。突破时，左脚向后蹬地，右脚向右前方跨出一步，同时上体右转并探左肩，重心迅速向前移动，双手向右引球并由右手推放球，左脚前脚掌迅速蹬地加速，原地顺步突破如图5-8所示。

（a）　　　　　　（b）　　　　　　（c）　　　　　　（d）

图5-7　原地交叉步突破

扫一扫

练一练

| (a) | (b) | (c) | (d) |

图 5 - 8　原地顺步突破

（3）持球突破的学练方法：

① 原地练习。主要体会突破的四个动作环节（左、右脚分别做中枢脚）。

② 全场自抛自接球突破练习。队员成两组分站两端线外，每人一球，练习时，自己抛球分别用跳步急停接球和跨步急停接球，接球后可向任一侧突破。

6. 投篮

进攻队员为将球投入对方球篮而采用的各种动作方法的总和。投篮是整个篮球技术体系的核心，可简单分为原地投篮、行进间投篮、跳起投篮、扣篮等（以下动作以右手为例）。

（1）单手肩上投篮：右手依照单手高手持球手法持球于肩上，左手扶球的左侧，右臂屈肘，上臂与地面接近于水平。两脚前后或左右开立，两膝微屈，重心落在两脚之间。投篮时，下肢蹬地发力，身体向前上方伸展，采用单手高手出球手法将球投出，球出手时身体随投篮出手方向自然伸展，如图 5 - 9 所示。

（2）双手胸前投篮：双手持球于胸前部位，肘关节自然下垂，两脚前后或左右开立，两脚间距离略窄于肩宽，两膝微曲，重心落在两脚之间，两眼注视瞄准点。投篮时，下肢蹬地发力，两臂向前上方伸出，两臂伸直的同时完成两手腕外翻，拇指向前压送，食指和中指均匀用力将球投出。球出手时身体随投篮出手方向自然伸展，如图 5 - 10 所示。

（3）行进间低手投篮：当最后一次运球从地面弹起或同伴传球接近身体时，左脚蹬地，右脚跨出一大步，使身体腾空时接球，右脚着地后，左脚跨出一小步并用力蹬地起跳，右腿提膝，左手辅助右手将球向头上方举起。当身体接近最高点时，左手离球，右臂向球篮方向伸展，接着向上屈腕，食指和中指拨球，如图 5 - 11 所示。

（4）行进间高手投篮：当最后一次运球从地面弹起或同伴传球接近身体时，左脚蹬地，右脚跨出一大步，使身体腾空时接球。右脚着地后，左脚跨出一小步并用力蹬地起跳，同时，抬腿举球。当身体接近最高点时，右腿自然下落，右臂向前上方伸直，手腕前屈，食指和中指拨球，如图 5 - 12 所示。

(a)　　　　　　　　　(b)

(c)　　　　　　(d)　　　　　　(e)

扫一扫

练一练

(f)　　　　　　(g)　　　　　　(h)

图 5 - 9　单手肩上投篮

(a)　　　　　　　(b)　　　　　　(c)

图 5 - 10　双手胸前投篮

（5）跳起投篮：跳起投篮的准备动作是面对球篮，双脚与肩同宽，屈膝，双脚的脚尖朝向球篮，双脚蹬地向上跳起。与此同时，举球上引至额前，在接近最高点时，手臂上摆，抖腕拨球，球出手后保持手臂与手跟进投篮动作。

（6）投篮的学练方法：

① 单手肩上投篮和双手胸前投篮。

扫一扫

练一练

图 5-11　行进间低手投篮

图 5-12　行进间高手投篮

- 徒手做原地投篮动作模仿练习，或两人一组做有球对投练习。
- 定点投篮练习。
- 原地传接球投篮练习：原地接正面传球的投篮练习；原地接侧面传球的投篮练习；原地背篮接球转身投篮练习。
- 运球后投篮练习。

② 行进间低手投篮和行进间高手投篮。

- 徒手模仿练习。
- 半场个人行进间投篮练习，如图5－13所示。
- 半场两人行进间传接球投篮练习，如图5－14所示。

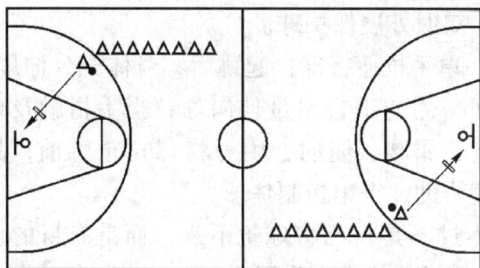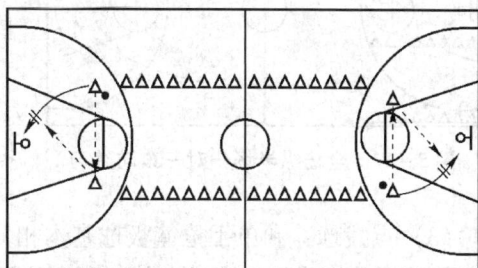

图5－13 半场个人行进间投篮练习　　　图5－14 半场两人行进间传接球投篮练习

③跳起投篮。
- 原地徒手模仿练习。
- 由近而远的定点跳投练习。
- 接球跳投练习。
- 运球急停跳投练习。

7. 防守

防守是指防守队员合理地运用各种防守动作，积极抢占有利位置，阻挠和破坏对手进攻，以争夺控制球权为目的的各种专门行动。防守姿势分为平步防守和斜步防守。

（1）平步防守：在对手接球或运球停步的一刹那，防守者突然接近对手，两脚平行站立（距离大于肩宽），两手臂侧伸挥摆，控制对手突破或传球，如图5－15所示。

（2）斜步防守：两脚前后开立，持球队员向右侧突破则防守者右脚在前，前脚同侧手臂向前上方伸出干扰对手视线，另一只手在侧阻止运球突破，如图5－16所示。

(a)　　　　　　　　(b)

图5－15 平步防守　　　　　　图5－16 斜步防守

（3）防守的学练方法：全场纵半场一对一攻防练习，如图5－17所示。

8. 抢篮板球

比赛中双方队员争夺投篮未中而使球从篮圈或篮板反弹出来的行动，称为抢篮板球。进攻队争抢本队投篮未中的球称为抢进攻篮板球，防守队争抢对方未投中的球称为抢防守篮板球。根据攻守队员的位置与球的落点，抢篮板球可分为双手抢篮板球、单手抢篮板球和点拨球三种。

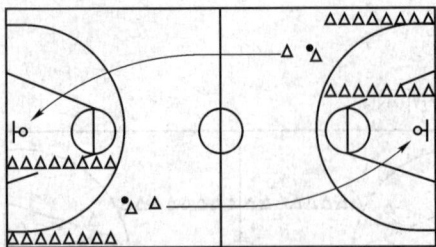

图 5-17　全场纵半场一对一攻防练习

（1）双手抢篮板球：起跳腾空时，身体充分伸展，两臂伸向球的方向，在指端触球的一刹那，双手用力握球，腰腹用力，迅速屈臂将球拉至胸前部位，双肘外展保护球。

（2）单手抢篮板球：起跳后，身体充分伸展，让靠近球一侧的手臂尽量伸向球；当手指触及球时，屈指、屈腕、屈肘，用力将球拉至胸前，另一手迅速协助，牢牢控制住球。

（3）点拨球：和单手抢篮板球基本相同，只不过不是自己将球抢下来，而是有目的地将球拨给同伴。这种方法常在处于不利位置时或抢篮板球战术中采用。

（4）抢篮板球的学练方法：

① 徒手练习。

② 自抛自抢练习。先练习原地起跳，后练习上步起跳，在最高点用双手或单手抢球。

5.1.3　篮球运动基本战术

1. 战术基础配合

战术基础配合指在篮球比赛中，队员二三人之间有目的、有组织、协调行动的简单攻守配合方法，它是组成全队战术配合的基础。战术基础配合包括进攻战术基础配合和防守战术基础配合两个部分。

（1）进攻战术基础配合：进攻战术基础配合包括传切配合、掩护配合、策应配合和突分配合。下面主要介绍传切配合和掩护配合。

① 传切配合：进攻队员之间利用传球和切入技术组成的配合。

● 一传一切配合。⑤传球给④后，立刻摆脱对手向篮下切入，接同伴④的回传球投篮，如图 5-18 所示。

● 空切配合。④传球给⑤时，⑥乘对手不备之机，突然横切或从底线切向篮下接⑤的传球投篮，如图 5-19 所示。

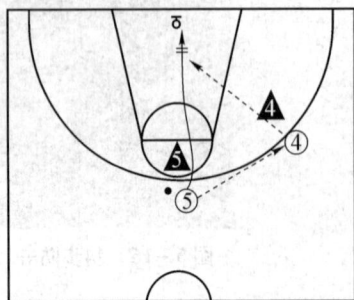

图 5-18　一传一切配合

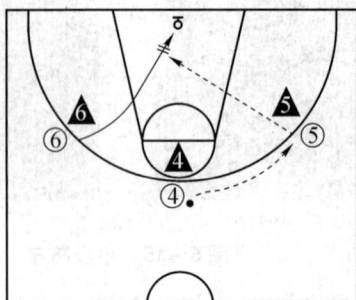

图 5-19　空切配合

② 掩护配合：掩护队员采用合理的行动，以自己的身体挡住同伴的防守者的移动路线，使同伴借以摆脱防守的一种配合方法。

● 前掩护配合。⑥跑到前面给⑤做前掩护，⑤利用掩护拉出，接④传来的球投篮或做其他进攻动作，如图 5-20 所示。

● 侧掩护配合。⑤传球给④后，即向相反方向跑动给⑥做侧掩护，当⑤的侧掩护到位时，⑥摆脱防守切入篮下接④的传球投篮，如图5-21所示。

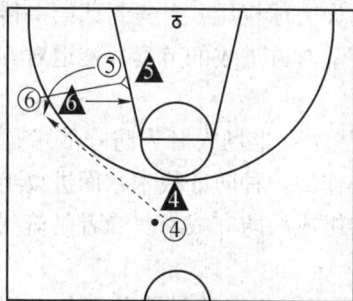

图5-20　前掩护配合　　　　　　　　图5-21　侧掩护配合

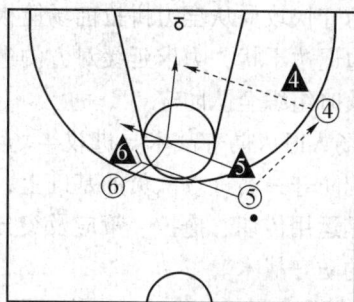

（2）防守战术基础配合：在篮球比赛中二三人之间为了破坏对方进攻配合所组成的简单配合，防守战术基础配合包括抢过配合、穿过配合、绕过配合、关门配合、夹击配合、补防配合和交换防守配合等。下面介绍前两种配合。

① 抢过配合是破坏掩护配合的积极有效的方法之一。④传球给⑤后给⑥做掩护，黑6在④靠近自己的一刹那，迅速抢前一步贴近⑥，从⑥和④中间抢过去继续防守⑥，如图5-22所示。

② 穿过配合是破坏掩护配合并及时防住自己对手的一种配合。⑤传球给⑥后立即给④做掩护。黑4当⑤给④掩护到位前一刹那主动后撤一步，从⑤和黑5中间穿过去，继续防守④，如图5-23所示。

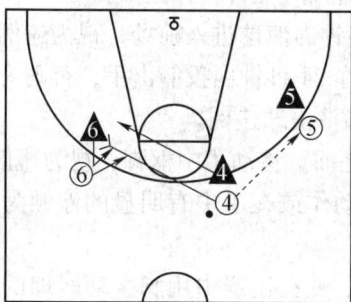

图5-22　抢过配合　　　　　　　　图5-23　穿过配合

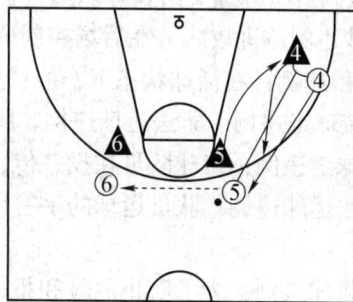

2. 快攻战术与防守战术

（1）快攻战术。快攻战术是由防守转入进攻时，全队以最快的速度、最短的时间，将球推进至前场，争取形成人数上和位置上的优势，以多打少，果断而合理地进行快速攻击的一种进攻战术，分长传快攻和短传与运球结合快攻两种。

① 长传快攻：队员在后场获球后，用一次或两次传球，将球传给快速向对方篮下跑动的同伴投篮的一种配合方法。其特点是突然性强、速度快、时间短、成功率高。长传快攻一般是由快攻的发动和结束两个阶段组成。

② 短传与运球结合快攻：队员在后场获球后，利用快速短距离传球或运球推进到前场进行攻击的配合方法。

（2）防守战术：

① 防守快攻战术：由攻转守的瞬间及时组织防守阵形，主动阻止和破坏对手快攻的防守战术。防守快攻要从全力拼抢前场篮板球开始，在失去球权后，首先封堵第一传，堵截接应队员，边退边干扰，力求延缓对方的进攻速度，打乱对方进攻的节奏，推迟对方进攻的时间，借机及时组织全队防守。

② 半场人盯人防守战术与进攻半场人盯人防守战术：半场人盯人防守战术是在每名防守队员分别防守一名进攻队员的基础上，全队相互协作的一种防守战术；而进攻半场人盯人防守战术是运用传切、掩护、策应及突分等基础配合组成的防守战术。二者是篮球比赛中运用最广泛的防守战术。

③ 区域联防：由攻转守时，防守队员迅速退回后场，每名队员按分工负责防守一定的区域，严密防守进入该区域的球和进攻队员，并以一定的形式把每个防守区域的同伴有机地联系起来的全队防守战术。这种战术位置区域分工明确，有利于内线防守，组织抢篮板球和发动快攻。各种形式的区域联防都存在一定的薄弱位置，容易被对方在局部区域攻击，形成以多打少的局面而陷于被动。

5.1.4 篮球比赛规则简介

1. 违例

（1）违反时间规则的违例。

① 3 秒违例：控制球队的队员在对方限制区内停留时间不得超过 3 秒钟，否则为违例。

② 5 秒违例：掷界外球时，5 秒钟内未将球掷出；持球队员被紧逼防守，在 5 秒钟内球未离手；裁判员将球递交给罚球队员，在 5 秒钟内未将球投出，均为违例。

③ 8 秒违例：进攻队员在后场控制球未能在 8 秒钟内使球进入前场，视为违例。

④ 24 秒违例：在活球状态下，控球进攻方必须在 24 秒钟内投篮出手，否则为违例。

（2）带球走违例、非法运球违例、脚踢球违例和拳击球违例。

① 带球走违例：持球队员在投、传、拍或滚球之前，移动了中枢脚，视为违例。

② 非法运球违例：队员运球的手有明显的翻腕动作或在手中有明显的停顿为非法运球违例。

③ 脚踢球违例：为了防止危险和粗暴动作出现，凡在比赛中用脚主动踢球的行为均属违例。

（3）队员出界和球出界违例：当队员身体的任何部位与界线上、界线上方或界线外的地面或除队员以外的任何物体接触时，即是队员出界。当球触及界外的队员或任何其他人员，触及界线上、界线上方或界线外的地面或任何物体，触及篮板的支柱或背面，即为球出界。

（4）球回后场违例：位于前场的控制球队的队员不得使球回后场，否则为违例。

（5）跳球时违例。跳球时出现以下几种情况应判跳球违例：当球在上升阶段时，跳球队员触及球；跳球队员未触及球时，其他队员进入中圈或移动位置；跳球队员直接接住球。

（6）干扰投篮违例：投篮的球在飞行中下落，并完全在篮圈水平面上时，防守队员触球即为违例，判投篮得分。

2. 其他犯规与判罚

（1）侵人犯规：违反规则而与对方发生不合理的身体接触时的犯规。罚则：登记该队员一次犯规，并由对方在犯规地点最近的界线外掷界外球，如果是对投篮队员犯规，则执行罚球。

（2）技术犯规：不一定构成身体接触，但是有意的、不道德的或有投机取巧性质的犯规为技术犯规。罚则：登记该队员一次犯规，并由对方罚球两次，然后在记录台对面边线的中点处掷界外球。

（3）违反体育道德的犯规：队员蓄意对持球或不持球的对方队员造成侵人犯规。罚则：登记该队员一次犯规，并由被犯规的队员罚球两次，然后在记录台对面边线的中点处掷界外球。

（4）双方犯规：两名对抗的队员大约同时互相犯规的情况。罚则：双方各登记一次犯规，并由这两名队员在就近的圆圈内跳球。

（5）全队犯规：当全队犯规累计 4 次（每一节里）或 7 次（每一半场里），该队处于全队处罚状态。

（6）队员 5 次犯规或 6 次犯规：无论是侵人犯规，还是技术犯规，一名队员犯规共达 5 次（4×10 分钟的比赛和 2×20 分钟的比赛）或 6 次（4×12 分钟的比赛），必须离开球场，不得再进行本场剩余的比赛。

（7）取消比赛资格的犯规：恶劣的侵人犯规、技术犯规和违反体育道德的犯规，以及恶劣的不道德行为。罚则：登记该队员一次犯规，令其去休息室或离开球场，并由被犯规的队员罚球，然后在记录台对面边线的中点处掷界外球。

3. 球队的名次

球队的名次要按胜负记录的积分来定：胜一场得 2 分，负一场得 1 分，弃权得 0 分。

（1）如果排列中两个球队积分相同，则以两个有关球队之间比赛的成绩来确定名次，胜者在前。

（2）如果两个以上的球队积分相同，再次排列中只考虑积分相同球队之间的比赛成绩。

（3）如果再次排列后仍相同，就只考虑仍相同的球队之间比赛的得失分率，并以此来确定名次。

（4）如果排列仍相同，则用这些球队在组内所有比赛成绩的得失分率来确定名次。得失分率是用除法来计算：得失分率 = 总得分/总失分。

5.2　足球

5.2.1　足球运动概述

足球运动是以脚支配球为主，两个队在同一场地内进行攻守的体育运动项目。它在技术上多姿多彩，战术上变幻莫测，胜负结局难以预测且呈现非周期性。它是世界上极受人们喜爱、开展最广泛、影响最大的体育运动项目，被誉为"世界第一运动"。

足球比赛每队由 11 人上场参赛。场上的 11 人思想要统一，行动要一致，攻则全动，守则全防，整体参战的意识要强。足球运动是一项竞争激烈的对抗性项目，比赛中双方为争夺控球权，达到将球攻进对方球门而又不让球进入本方球门的目的，展开短兵相接的争斗，扣人心弦。

足球比赛中运用技术、战术时会受对手直接的干扰、限制和抵抗。运动员要在近 8 000 平方米的场上奔跑 90 分钟，跑动距离少则 6 000 米，多则 10 000 米以上，而且要伴随完成上百个有球和无球的技术动作。平局后需决定胜负则比赛要加时 30 分钟，如仍无结果，就还需要以踢点球决定胜负，因而运动员的能量消耗是很大的。

足球竞赛规则比较简单明了，对器材和设备要求也不高。一般足球比赛的时间、参赛人数、场地和器材也不受严格限制，因而是全民健身中一项十分易于开展的群众性体育运动项目。

5.2.2　足球运动技术

足球运动技术在比赛中有着特殊的地位，它是完成战术配合、决定战术效果的前提和保证。

1. 颠球

颠球是指运动员运用身体的各个有效部位连续触击球，并对其加以控制，尽量使球不落地的技术动作。颠球是运动员熟悉球性的一种练习手段，以增强对球的弹性、重量、旋转及触球部位、击球时用力轻重的感觉。

（1）双脚脚背颠球。

脚向上方摆动，用脚背击球，击球时踝关节固定，脚尖稍勾、击球的下部，如图5-24、图5-25所示。

扫一扫

练一练

图5-24　双脚脚背颠球1　　　　图5-25　双脚脚背颠球2

（2）双脚内、外侧颠球。

抬腿屈膝，用脚的内侧或外侧向上摆动，击球的下部，两脚内侧或外侧交替击球，如图5-26、图5-27所示。

扫一扫

练一练

扫一扫

练一练

图5-26　双脚内侧颠球　　　　图5-27　双脚外侧颠球

（3）大腿颠球。

抬腿屈膝，用大腿的中前部位向上击球的下部，两腿可交替击球，如图5-28所示。

（4）头部颠球。

两脚开立，膝盖微屈，固定颈部，由腿至腰发力，用前额部位连续顶球的下部，如图

5－29所示。

（5）各部位连续颠球。

根据上述单一颠球技术动作要领，用各部位配合连续颠球，配合的部位越多，难度越大。颠球的部位有脚背、脚内外侧、大腿、头部、胸部、肩等。

练习方法1：一人一球，体会触球的时间、触球的部位、触球的力量和整个动作的协调配合。

图 5－28　大腿颠球

图 5－29　头部颠球

扫一扫
练一练

扫一扫
练一练

练习方法2：两人一球，用脚背、大腿、头部以及身体各部位触球，掌握好触球的力量，尽量不让球落地。每人触球一次颠给对方。

2. 踢球

踢球指运动员有目的地用脚把球击向预定目标的技术。踢球是足球技术中最重要的技术，主要用于传球和射门。踢球的技术动作结构包括助跑、支撑脚站立、踢球腿的摆动、脚触球、踢球后的随前动作。

（1）脚内侧踢定位球。

直线助跑，支撑前的最后一步稍大些，支撑脚站在球的侧面约15厘米处，脚尖正对出球方向，支撑膝关节微屈。在支撑脚着地时，踢球腿带动小腿由后向前摆动，踢球脚底与地面平行，脚尖微微翘起，踝关节固定，触球后身体跟随移动，髋关节向前送，如图5－30、图5－31、图5－32所示。

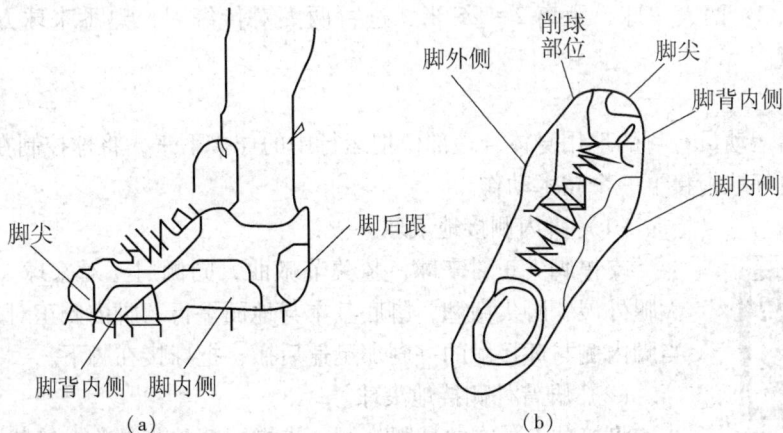
（a）　　　　　　　　　（b）
图 5－30　脚部各踢球部位

图 5 - 31　脚底与地面平行

图 5 - 32　脚尖微微翘起

（2）脚背正面踢定位球。

直线助跑，最后一步稍大些，支撑脚积极着地支撑，在球的侧面 10 ~ 12 厘米处，脚尖正对出球方向，膝关节微曲，踢球腿随跑动向后摆动，小腿后曲，支撑的同时踢球腿以髋关节为轴，大腿带动小腿由后向前摆动，如图 5 - 33 所示。

（3）脚背内侧踢定位球。

斜线助跑，助跑方向与出球方向约呈 45°角，最后一步稍大，以支撑脚底积极着地，脚尖指向出球方向，距离球内侧后方 20 ~ 25 厘米，膝关节微曲，如图 5 - 34 所示。

图 5 - 33　脚背正面踢定位球

图 5 - 34　脚背内侧踢定位球

练习方法 1：一人用脚底挡球，另一人踢球。

练习方法 2：两人一球，距离 2 ~ 25 米，进行两人对传练习，熟悉来球方向、来球速度、来球力量。

3. 接球

接球是指运动员有目的地用身体合理部位把运行中的球接下来，将球控制在所需要的范围内，以便更好地衔接下一个技术动作。

扫一扫

练一练

（1）脚内侧接地滚球。

支撑脚尖正对来球，膝关节微曲，同侧肩正对来球。接球腿提膝大腿外展，脚尖微翘，脚底基本与地面平行，脚内侧正对来球并前迎，当脚内侧与球接触的一刹那迅速后撤，把球接在脚下。

（2）脚背外侧接地滚球。

将接球点放在接球腿一侧，支撑腿膝关节微曲。接球腿提起屈膝，脚内翻使小腿和脚背外侧与地面呈一锐角，并对着接球后球运行的方向，脚离地面的高度应略等于球的半径，然后大腿向接球后球运行的方向送，同时身体随球移动。

扫一扫

练一练

（3）脚背正面接球。

根据球的落点及时将腿移动到位，脚背正面上迎下落的球，当球与脚面接触的一瞬间，接球脚根据球下落的速度同步下撤，此时大腿膝关节、踝关节、脚趾均保持适度的紧张，脚尖微翘，将球接到需要的地方。

（4）脚底接地滚球。

接球腿提起，膝关节微曲，脚背略曲，使脚底与地面约小于45°角。

练习方法1：正面接地滚球，两人对面站立，相距10米左右，一人踢地滚球，另一人迎上接球。

练习方法2：个人将球踢高，然后进行各种反弹球接球练习。

4. 运球

运球通常是由运球方法的选择与准备、跑动中间段触球、为下一动作的连接做好准备三个环节组成。运球主要有以下几种方法。

（1）脚内侧运球。

要求运球前进时支撑脚始终领先于球，位于球的侧前方，肩部指向运球方向，支撑腿膝关节微曲，重心放在支撑腿上，另一条腿提起、屈膝，用脚内侧推球前进，然后运球脚着地。

（2）脚背正面运球。

运球时身体持正常跑动姿势，上体稍前倾，步幅不宜过大，运球腿提起，膝关节稍曲，髋关节前送，提踵，脚尖下指，在着地前用脚背正面触球后由脚背中部将球推送前进。

（3）脚背内侧运球。

身体稍侧转并且自然协调放松，步幅小，上体前倾，运球腿提起外展，膝微曲外转，提踵，脚尖外转，使脚背内侧正对运球方向，在运球脚落地前用脚背内侧推拨球，使球随身体前进。

（4）脚背外侧运球。

跑动中，身体自然放松，步幅稍小。运球脚在身体正面提起，膝稍内扣，脚跟提起，脚尖内转。在迈步前伸脚着地前，用脚背外侧推拨球，随后脚顺势落地。

练习方法1：在慢跑中分别用以上讲解的运球方法，用单脚运球，沿直线进行练习。

练习方法2：运球绕标志物练习。队员成一路纵队，前一人运球依次过标志物后传球给后一人，后一人重复前一人的动作，依次进行练习。

5. 抢截球

抢截球技术是指运动员在规则允许的范围内，利用身体的合理部位及合理动作技术将对手的球权夺过来或破坏掉。

抢截球技术的动作结构是由选位、抓住时机实施抢截动作、实施抢截动作后与下一个动作紧密衔接三个环节和五个抢截技术动作组成。其具体要求如下。

（1）仔细观察，正确选位。

首先应进行观察，其次给对手一个方向，抢球也可以是主动性的，包括对对方控球情况的观察以及对对方意图的分析判断。

（2）抓住时机，果断实施。

在实施动作时，时机是最重要的因素，过迟或过早都会影响抢截的效果，甚至失败。

（3）技术动作要领。

正面跨步断抢、合理冲撞抢球、正面铲球、异侧脚铲球、同侧脚铲球再实施抢截动作后，应迅速使身体恢复到下一个动作所需要的状态和位置。

练习方法1：两人一球练习，甲、乙两队员相对站立，队员甲运球跑向乙（慢速），队员乙选择好时机实施正面脚内侧堵抢技术练习。

练习方法2：两人同方向慢跑，在跑的过程中两人可做适当的合理冲撞，体会冲撞的时机和冲撞的部位，以及冲撞时如何用力。

6. 头顶球

头顶球技术的动作结构是由移动选位、身体的摆动、头触球、触球后的身体平衡四个环节组成。这是由额肌覆盖的额骨正面部分去击球的一种动作方法。

头顶球技术分为前额正面头顶球与前额侧面头顶球。

（1）前额正面头顶球。

身体正对来球方向，眼睛注视运动中的球，两脚左右开立（或前后开立），膝关节微曲，重心置于两脚间的支撑面上，两臂自然张开。

（2）前额侧面头顶球。

根据来球的运球速度、运行轨迹及时移动到位。两脚前后开立（或左右开立），出球方向的异侧脚在前，重心逐渐过渡到前脚上，眼睛注视来球，前膝微曲，两臂侧前后自然张开。当球运行至体前上方时，用力蹬地，前脚掌适度旋转，上体随着向出球方向扭摆，同时用力向击球方向甩头。

练习方法1：自己双手举球在头前，用前额正面或侧面去触击球，体会触球部位，培养顶球过程中注视来球的习惯。

练习方法2：两人或两人以上在一起进行抛球—头顶球练习，这样可以培养对运行中球的速度、轨迹的判断能力，身体摆动协调能力及出球的准确性等。

7. 掷界外球

掷界外球时，接球人可不受越位规则的约束，因此，掷界外球不仅用于恢复比赛，而且可以为进攻创造有利条件。

掷界外球分为原地掷界外球与助跑掷界外球。

（1）原地掷界外球。

面对出球方向，两脚前后或左右开立，每脚均应有一部分站立在边线上或边线外。膝关节弯曲，上体后仰或背弓，重心移到后脚上，两脚自然张开，拇指相对，持球的侧后部，屈肘将球置于头后。

（2）助跑掷界外球。

两手持球放在胸前，在助跑迈出最后一步时，上体后仰呈背弓，同时将球上举至头后，掷球时的动作与原地掷界外球动作相同。

练习方法1：两人一球，相距15米，原地对掷界外球。

练习方法2：两人一球，相距25米，两端设两条平行线，助跑对掷界外球。

5.2.3　足球基本技术练习及战术讲解练习

1. 基本技术练习

练习 1：两个人距离 15～20 米进行对传球练习（脚内侧、正脚背、长传球）。熟悉传球的脚形及力度后，进行四人接球转方向传球练习，如图 5－35 所示。

练习 2：在固定的区域内，每人一球进行双脚正脚背交替颠球练习，如图 5－36 所示。

练习 3：射门练习（队员的左脚或右脚把球传给教师，教师进行门前短距离传球，队员快速跑到来球地点进行射门），如图 5－37 所示。

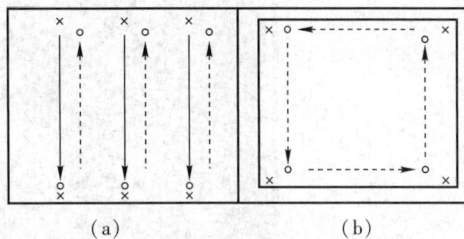

（a）　　　　　　　　（b）

图 5－35　传球练习

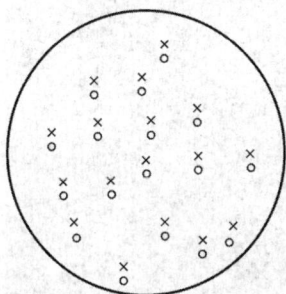

图 5－36　颠球练习

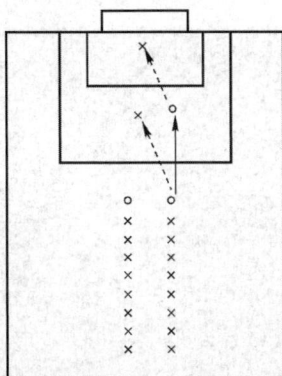

图 5－37　射门练习

练习 4：运球练习。跑动中运球，由慢而快，并增加变向。此处介绍几种运球练习方式，如图 5－38、图 5－39、图 5－40 所示。

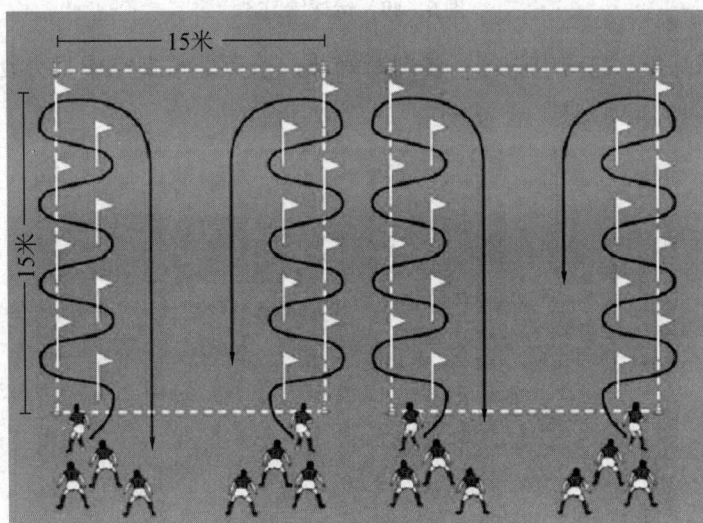

图 5－38　运球练习 1

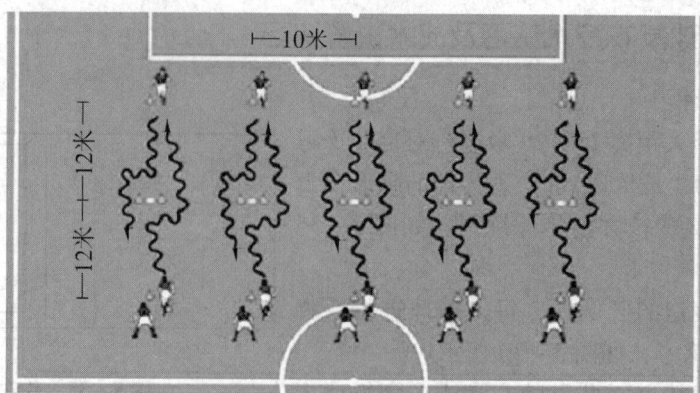

图 5 - 39　运球练习 2

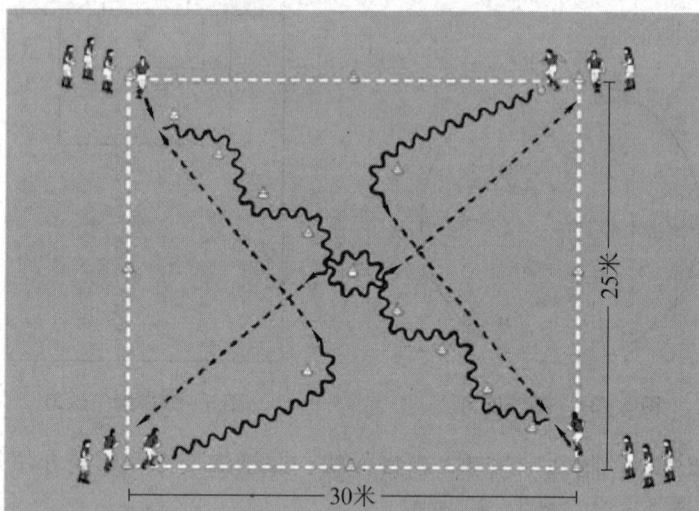

图 5 - 40　运球练习 3

练习 5：头球练习。跑动中头球，要判断好球的落点，掌握空中发力动作，如图 5 - 41 所示。

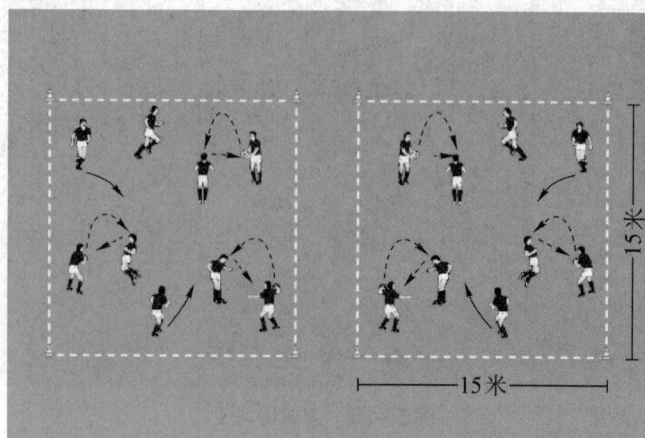

图 5 - 41　头球练习

2. 战术讲解练习

足球战术是根据比赛的实际需要提炼而成的。这些战术在激烈的比赛时会融入身体、意识之中。足球战术包括进攻和防守两大部分。下面分别进行进攻与防守的练习，如图 5-42 、图 5-43 所示。

练习1：进攻练习。目的：培养传球后换位意识和传球后即跑的习惯。

练习2：防守练习。目的：训练队员的移动封堵技术。

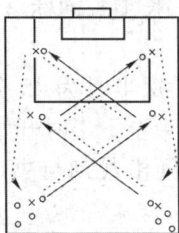

图 5-42　进攻练习　　　　　图 5-43　防守练习

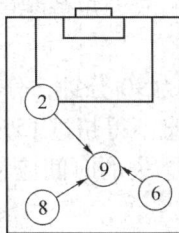

5.2.4　足球简单规则

1. 球场

（1）球场边线长度不得多于 120 米或少于 90 米，球门线的长度必须大于球门的长度。国际足球联合会（国际足联）规定世界杯决赛场地的规格为：长 105 米，宽 68 米。

（2）球场地面必须平坦，硬度合适，以不伤害运动员和不影响球的正常运行为原则。

2. 球

（1）正式比赛所用球的颜色应与场地颜色有区别，夜间灯光场地比赛需用黑白色球，裁判员在比赛前应检查比赛用球。

（2）比赛开始时，球的圆周不得多于 70 厘米或少于 69 厘米，重量不得多于 450 克或少于 410 克。

（3）球的气压为 0.6 ~ 1.1 个大气压（注：1 大气压 ≈ 0.1 兆帕）。应考虑场地的性质、硬度及地理位置等因素而适当掌握。

（4）一场比赛由裁判员选择两个用球。

3. 队员人数

（1）一场比赛每队上场队员不得多于 11 名。

（2）每队上场队员中必须有 1 名守门员。

（3）在比赛中，守门员可以与场上其他队员调换位置，但必须在试球时事先报告裁判员。

（4）在中场休息时，各队调换受伤守门员或替补其他队员，必须在下半时开始前报告裁判员。

（5）正式比赛每场最多可以替补 3 名队员，在延长期内，如某队尚未换足替补名额，仍可进行替补。如以互踢点球决定胜负时，场上守门员受伤，可由规定数额以内的未换足的替补队员替补，除此以外，一律不得替补。

（6）凡队员未经裁判员同意擅自进场或重新进场加入比赛，裁判员应宣布停止比赛，警告该队员，并在比赛暂停时球的所在地点由对方发间接任意球恢复比赛。

（7）如果某个被替补出场的队员拒绝出场，裁判员应停止比赛，警告该队员，并在比赛暂停时球的所在地点由对方发间接任意球恢复比赛。

4. 队员装备

（1）同队队员的服装（包括上衣、短裤和护袜）颜色必须一致，并与对方队有明显区别，上场队员必须戴护腿板。

（2）如发现队员带有可能伤害其他队员的物品时，应令其摘掉，否则不得参加比赛。

（3）正式比赛时应穿足球鞋。

（4）队员上衣背后、前胸和短裤前方（含守门员长裤前方）均应有号码，并须符合规程规定。号码颜色应与上衣、短裤颜色有显著区别。队长须戴袖标。

5. 比赛时间

（1）正式比赛每场为90分钟，分上下两个半时，每半时为45分钟。除经裁判员同意外，两个半时之间的休息不得超过15分钟（上半时结束至下半时开始）。

（2）每半时中因故损失的时间应补足。补多少时间由裁判员决定，一般对下列几种情况所损失的时间应补足：

① 替补队员。

② 处理受伤队员，或将受伤队员抬出场地接受治疗。

③ 故意延误比赛时间。

④ 因观众进入场地而暂停比赛。

⑤ 受天气影响而暂停比赛。

⑥ 因球破裂或漏气而更换新球。

6. 计胜方法

（1）凡球的整体从门柱间及横木下越过球门线外沿的垂直面，而此前未违反竞赛规则，均为攻方胜一球。

（2）在球的整体越过门柱间、横木下面球门线前裁判员发出了进球信号，但立即发觉其错误，该进球无效。应由裁判员在错误停止比赛时球所在地点以坠球恢复比赛。

（3）在任何情况下，球进入球门前受外界干扰所阻止，不能判为胜一球。

5.3 软式排球

5.3.1 软式排球运动概述

1. 起源

1895年，一个叫摩根的美国人，根据不同人群参加运动的要求，将篮球胆从篮球中取出，在体育馆内挂起网球网进行游戏，排球运动就这样从游戏中诞生了。

1988年，一种以柔软的橡胶制成的排球，在日本家庭成员的体育活动中广受青睐。因质地柔软，这种排球被称为"软式排球"。软式排球因重量轻、体积大、质地柔软而不受性别、年龄、体质、技术水平的限制，甚至没有排球基础也可进行初级的比赛。这使排球的基本技术操作变得非常容易，深受不同年龄层次人们的欢迎。

2. 发展

目前，软式排球在新加坡、韩国、加拿大、美国、德国、意大利等国家广泛开展。1995年5月，利用从日本买回的两个软式排球，北京体育大学举办了我国历史上首次软式排球比赛，受到教职工的热烈欢迎。2000年，软式排球走入中国中小学体育课，成为体育教学的限选内容，意味着中国将成为软式排球运动大国。目前各大高校也纷纷开展软式排球选修课，该运动深受学生喜爱。

5.3.2 软式排球运动基本技术

1. 软式排球场上的猫步——准备姿势及移动

相信同学们都见过猫是如何走路的，那么在软式排球场上就去模仿吧，那样你一定移动得很快，动作十分漂亮。

准备姿势及移动的要领包括屈膝，脚跟略提起，身体前倾，眼睛看着猎物（球），双手放松置于腹前，准备随时移动，如图 5 - 44 所示。移动起来要像猫一样灵活，千万别像士兵一样站着稳稳不动。

（a） （b）

图 5 - 44 准备姿势及移动

练习1：移动接抛球。两人一组，一人定位抛球，另一人移动接球后抛回。为了增加密度和难度，可用两个球。

练习2：移动截地滚球。教师在网前向场区抛地滚球，学生轮流练习，迅速移动，在球出界前将球截住。

练习3：起动练习。学生分成若干组，在场地端线前准备练习，以站姿、碎步、高抬腿或卧姿等准备，听到教师口令迅速冲过进攻线。

练习4：反应练习。两人一组，隔网面对，成"猫步"站立，一人做移动，另一人跟做，先做的争取甩开跟做的同学。

2. 得分的良好武器——发球

要想发球发得好，身体动作要协调。抛球高度要固定，击球位置不能跑。

盯住球的后中部，转体摆臂少不了。拳或手掌去击球，击球过后快进场。

参加或观看软式排球比赛的人们都有这样的感受，往往是一名发球很好的队员能够连续得分，这名队员也能够成为场上的焦点与球星，备受大家关注，同时能够在运动中感受快乐与幸福。那就让我们成为快乐者和球星吧，去拥有这一得分的良好武器。发球如图5 - 45 所示。

（a） （b） （c） （d）

图 5 - 45 发球

扫一扫

练一练

方法一：女同学的武器——侧面下手发球。

方法二：男同学的武器——正面上手发球。

练习1：徒手模仿。体操队形，教师用口令指挥练习。

练习2：抛球。体操队形，两人用一球，交替练习，相互纠正。

练习3：半程发球。体操队形，前后两人一组，交替练习，相互纠正。从完成发球技术到击球为止，用双手拿住球，体会协调用力和击球手感。

练习4：隔网发球。将学生分成隔网的两大组，每半场分成若干组，每组5人；练习半场的同学拿球，另半场的同学捡球，教师指挥发球，先在进攻线发球，逐步加大发球距离。

练习5：成功率发球。同上述组织形式，每人发球5次，同组间比成功次数。

练习6：准确性发球。同上述组织形式，在场内划出若干区域，学生把球发到规定区域内。

3. 球不落地的手段——垫球、传球、挡球技术

（1）垫球。

球离身体一臂远，两臂夹紧在腹前。保持猫步要记牢，手腕下压前臂翻。

灵活移动去找球，球在两只小臂间。手臂角度要灵活，根据来球去判断。

垫球是用双手或单手小臂的前部或手的坚硬部位，将球击出的技术动作，如图5-46所示。

（a）　　　　　　　　　　（b）

图5-46　垫球

练习1：徒手模仿。体操队形，按照口诀做模仿练习。

练习2：垫固定球。体操队形，两人一组。一人双手持球下落，练习者去垫球，体会击球部位，教师示范持球及下落球要点，两人配合好。

练习3：垫活固定球。同上分组，两人相距2米。一人双手持球于身体左侧或右侧，另一人移动后将球垫起，再回到原地进行下一次练习。

练习4：一抛一垫。两人一组，一人抛球，一人垫球，相距3米，体会主动找球和击球点的感觉，然后距离加到5米左右，体会全身协调发力。

练习5：一抛一向前移动垫球。将学生分成两人一组的若干个小组，几组学生同时从一边线出发开始练习，一人边后退边抛球，另一人边向前移动边找球垫球，两人相距4米左右。到另一边线后，用同样方法返回。

练习6：移动垫抛球。将学生分成4组，分别在两半场的1、5号区练习。每组1人在网前抛球，其他人在距网5米处轮流垫球。先在固定位置抛球，再左右位置抛球，抛10次交换人。

练习7：两人对垫球。两人相距 4～5 米，连续对垫球，比哪组垫球次数多。

练习8：自垫球。一人一球，或 2～3 人一球轮流练习，全场散开练习，规定不同高度，或一高一低交替垫球。

练习9：围圈垫球。若干人一组围成圈，垫一个球，如果连续垫球次数多，可以垫两个球，增加趣味性。

练习10：背向垫球。两人一组，相距 3 米，同向站，后面同学向前抛高球，前面同学移动将球向后垫给同伴，练习垫球者的反应能力。

（2）传球。

两臂弯曲双肘分，手腕后仰便屈伸。手指张开半球状，球在双手正中央。

由于手指的控制能力强，因此，传球的准确性较高。传球多用于二传的组织进攻。由于软式排球球体软，又相对较轻，因此也可用于接发球、力量较小的扣球。传球如图 5 - 47 所示。

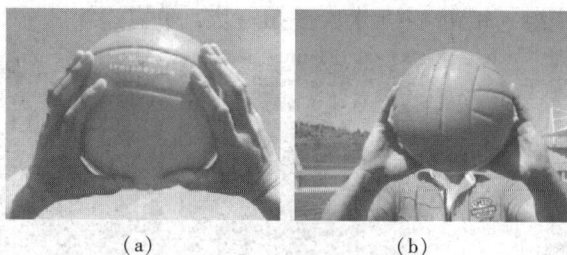

扫一扫

练一练

（a）　　　　　　（b）

图 5 - 47　传球

练习1：自抛托住球。两人一球，轮流练习。自己向上将球抛起，再用正确的传球手形在额上方把球托住。

练习2：自抛传球。两人一组，相距 3 米，自抛后将球传给同伴，近距离体会手指手腕发力，中远距离体会全身协调发力。

练习3：两人连续对传球。同上组织，两人连续传球，争取连续次数多。

练习4：行进间自传球。将学生分成若干组，3～4 人一组，教师鸣哨后由端线出发，自传行进到网前。

练习5：隔网对传球。将学生分成两大组，每组学生分别在网的两侧，成纵队站在 3 米线附近，在 2、4 号位进行隔网对传练习，传球尽量高一些，以便于对方传球。

练习6：网前传抛球。将学生分成 4 组，网两侧各两组。网前 3 号位站位，每组一名学生在网前边线处抛球，其他人轮流从 3 号位向 2、4 号位传球。

练习7：围圈传垫球。若干人一组，连续传垫球。

（3）挡球。

来球较高，速度较快时，运用挡球。可运用单手或双手挡球，只要能使球弹起不落地，就发挥大家的想象力，运用合理的动作去享受乐趣吧。

4. "高手"具备的技术——拦网、扣球

（1）拦网。

距网一脚远，起跳要摆臂，空中伸展开，双手要紧绷，拦球别碰网，落地不过线。

拦网如图5-48所示。

练习1：徒手原地起跳拦网。适当降低网高，让学生跳起双手过网，培养学生的兴趣。

练习2：原地拦扣球。降低网高，教师或技术好的同学扣球，其他同学轮流拦网，体会触球感觉，但要注意别触网。

（2）扣球。

助跑节奏慢到快，一步定向二步迈，后脚并上猛蹬踏，两臂协调向上摆，

腰腹发力要领先，协调挥臂如挥鞭。击球保持最高点，满掌击球要上旋。

扣球如图5-49所示。

练习1：向球网扣球。5人一组，面对球网自抛扣球，将球扣到球网内，提醒用手掌包满球。

练习2：低网扣球。降低球网，站在3米线附近，自抛将球扣过网。

练习3：双人打防。2人一组，相距4~5米，一扣一防，争取连续。

图5-48 拦网

(a)　　　　(b)

图5-49 扣球

练习4：扣抛球。降低网高，分成两组，分别在网两侧4号位扣抛球。

练习5：围圈扣垫传。若干人一组，运用各项技术，争取连续次数多。

5.3.3 软式排球运动基本战术

1. 基本位置及轮转

在排球场上有前排和后排的区分。面对球网时，前排左为4号位，中为3号位，右为2号位；后排左为5号位，中为6号位，右为1号位。每局比赛是从1号位上的队员发球开始，每当得到发球权时，队员应该顺时针轮转一个位置，由轮转到1号位的队员实施发球，如图5-50所示。

2. "中一二"阵型

此阵型并不是换位的"中一二"，而是谁轮转到3号位，谁做二传。此种站位适合于初步接触软式排球的学生。

接发球阵型是在对方发球时，本方为了接好发球，事先站好的位置。6人制比赛一般采用5人接发球站位阵型，"中一二"阵型如图5-51所示。

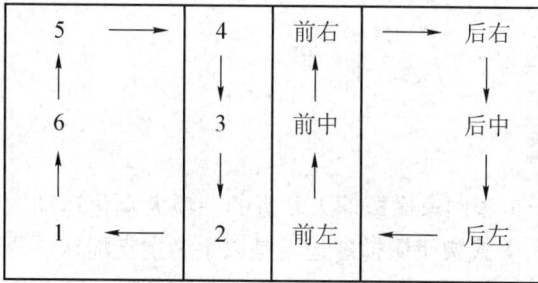

图 5－50　基本位置及轮转

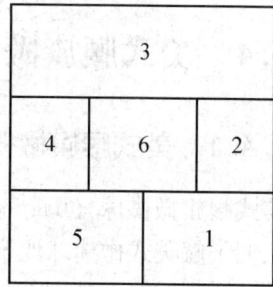

图 5－51　"中一二"阵型

这种阵型除二传队员站在网前不接发球外，其余 5 人都担任接发球任务。而且每人负责一块区域，既不互相让球，也不互相抢球，争取做到球到自己的区域时一定将球接起。

练习 1：接教师抛球组织进攻。学生分成三组，一组学生轮流做二传，在 3 号位传球，另两组分别在 2、4 号位扣球，每人传 5 次球后，各组顺时针轮转。暂时不传球的同学捡球，递给教师，传球如图 5－52 所示。

练习 2：垫、传、扣串联。同上组织，提高二传接应能力，如图 5－53 所示。

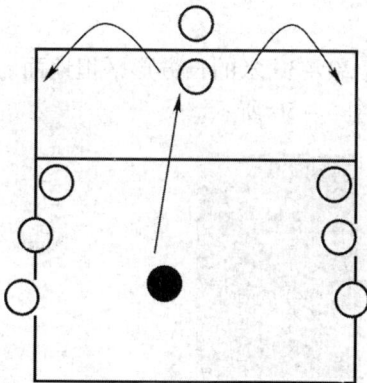

图 5－52　传球

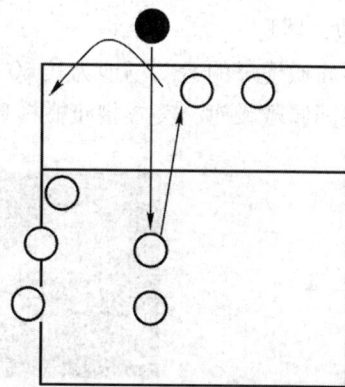

图 5－53　垫、传、扣串联

练习 3：6 人半场接发球组攻。6 人一组，按"中一二"接发球阵型站好，教师在另半场发球，学生接球后组织进攻。每发 3～5 个球轮转一个位置，如图 5－54 所示。

练习 4：6 对 6 接发球组攻。学生分成实力相当的两组，教师在边线外抛球或下手发球进入比赛，学生接发球组织进攻，如图 5－55 所示。

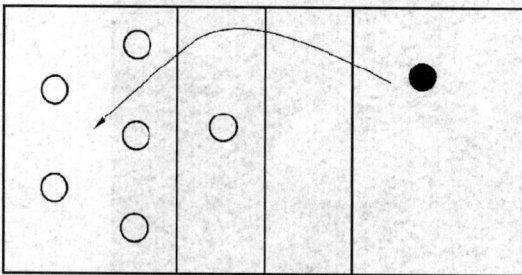

图 5－54　6 人半场接发球组攻

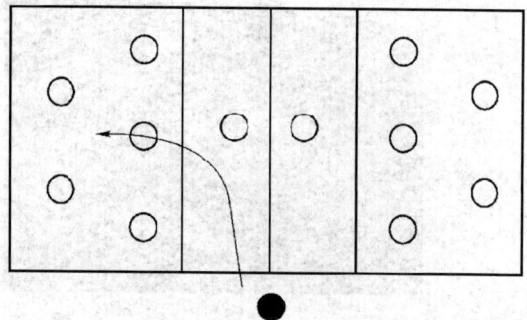

图 5－55　6 对 6 接发球组攻

5.4 美式腰旗橄榄球

5.4.1 美式腰旗橄榄球运动概述

美式腰旗橄榄球（flag football）是源于美国国家橄榄球大联盟的一项大众化运动，也是帮助人们了解美式橄榄球比赛规则的手段。美式腰旗橄榄球运动是以手为主支配球、两队攻守交替，激烈对抗和球不能够落地的球类运动。其运动技术简单，战术多样，运动负荷适合，趣味性较强。与碰撞式橄榄球相比，腰旗橄榄球属于一种较为安全的"非冲撞性"运动。该运动规定不允许抱人和推人，防守方拉下持球进攻球员腰带上的腰旗，进攻即被阻止。美式腰旗橄榄球不但充满了快速的奔跑、惊人的技巧和解决困难的战术，更重要的是，作为一项团队运动，它对球员的合作精神有着极高的要求。此项运动目前在世界30多个国家和地区的青少年中广为流行。

5.4.2 美式腰旗橄榄球运动玩法

1. 场地、器材

美式腰旗橄榄球的运动场地为长60~80米、宽20~30米的长方形平坦地面。

队员腰间佩戴腰旗，美式腰旗橄榄球及腰旗如图5-56所示。

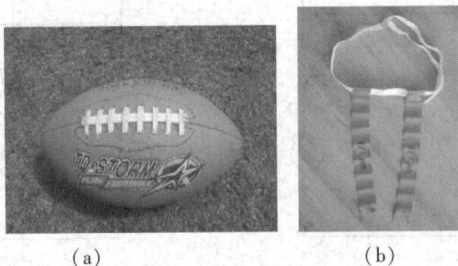

(a)   (b)

图5-56　美式腰旗橄榄球及腰旗

2. 中卫

每次分段进攻时，中卫将球从两腿间传递给四分卫。中卫开球后，可以进行跑动或传接球。中卫可以通过"快速传递"和"射球"两种方式把球传递给四分卫，如5-57所示。

(a)   (b)

图5-57　中卫

3. 四分卫

四分卫是球队的队长，确定战术并组织进攻和防守。四分卫站在中卫身后，通过"快速传递"或"射球"得球（进攻方），然后选择将球交递或传球给队友，如图 5-58 所示。

(a)　　　　　　　　(b)

图 5-58　四分卫

4. 外接手

外接手负责接四分卫的传球并持球跑动。外接手也可以从交递中得球，攻方最多有三名外接手，如图 5-59 所示。

(a)　　　　　　　　(b)

图 5-59　外接手

5. 跑锋

跑锋站在四分卫身后或者旁边，负责接四分卫的交递球并持球跑动，也可以接四分卫的传球，如图 5-60 所示。

6. 截锋

为了增加比赛的对抗性和精彩性，比赛设置两名截锋队员。截锋的作用是保护本方四分卫不被防守队员突袭，截锋是场上可以与防守队员进行身体对抗的角色，如图 5-61 所示。

图 5-60　跑锋

图 5-61　截锋

7. 守卫

美式腰旗橄榄球比赛中的所有防守球员都是守卫，负责阻止攻方球员接球和跑动，可以抢截对方的传球以获得球权或拉下攻方有球队员的腰旗来阻止对方向前推进，如图 5 - 62 所示。

图 5 - 62   守卫

8. 美式腰旗橄榄球的玩法

比赛双方各上 7 名队员，一方是进攻组，另一方是防守组。进攻组的目的是尽可能地将球向对方阵地推进，争取越过得分线进入对方端区得分。进攻的方法有两种，球员带球向前跑（冲球）或空中传球（传球）。

防守组的目的是尽可能阻止对方进攻，并迫使对方丧失球权。如果进攻一方得分或丧失球权，双方队伍互换攻防，也就是原来的进攻方换上防守组，而原来的防守方换上进攻组。比赛就这样双方轮流攻防地进行下去，直到比赛结束。

5.4.3   美式腰旗橄榄球运动基本技术

1. 远程导弹——单手肩上传球

要想传球球速快、距离长，就选择单手肩上传球。

此项技术分四步：准备—转体—发力—拨球，如图 5 - 63 所示。

（a）   （b）   （c）   （d）

图 5 - 63   单手肩上传球

2. 小手枪——低手抛球

近距离传球时，要想保证稳定性，尤其是初学者或女同学，可采用低手抛球。

此项技术分为单手抛和双手抛，可根据个人习惯灵活选择。一般都是在体侧将球抛出。

无论是单手肩上传球还是低手抛球，目的都是让接球人舒服地接到球。"橄榄球"虽被称为"球"，但不是圆球形，因此，球在空中飞行时，应该是球尖向前，以球的纵长为轴进行旋转。这样的来球便于接球人接球。低手抛球如图5-64所示。

以下练习方式，适用于以上两种技术，具体练习时可稍做调整。

练习1：分解练习。每人一球或两人一球轮流练习。教师哨声指挥，分解时纠正动作，尤其是持球手形和持球位置。

练习2：两人对传。两人一球，相距4~6米传球。随着传球准确性、球飞行效果提高，可将距离拉大，体会长传球。

练习3：提高反应度练习。4人一组站成正方形，一人持球背对教师，教师用手势指挥其他3人，传球同学看到有人举手，就迅速将球传给他。传球3~5次后顺时针轮转位置。

练习4：反应速度练习。同上组织，两组比谁传球准、传球快。可5~7人一组。

练习5：准确性练习。在场地内划出若干得分区，学生练习传球准确性。此项练习适用于已掌握传球技术的同学。

练习6：长距离练习。练习长传球，比谁传得远。

练习7：五角传球。学生分成5组，站成五角形，用一球，按图的路线传球、跑动，如图5-65所示。熟练后可用2~3个球练习，培养学生团队精神。

图5-64 低手抛球

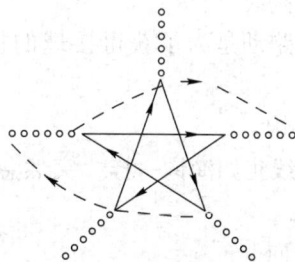

图5-65 五角传球

3. 瞒天过海——交递球

除了传球之外，还有一种瞒天过海的本领，那就是交递球。两人相对跑动，交错时，根据战术规定，进行真交递或假交递。此项技术可以迷惑防守队员，为本方进攻争取时间，获得更多的"领地"。

接球时双臂犹如太极拳的抱球动作，等待队友将球塞入自己怀中，不要用双手去接球，否则容易失误导致球落地，如图5-66所示。

(a)   (b)

图5-66 交递球

练习1：徒手演练。学生分别摆出交递球和接球动作，教师纠正。

练习2：跑动接球。6～8人一组，一人持球，其他同学站成一路纵队，依次跑向持球人，接交递球，如图5-67所示。完成一轮后交换持球人。教师纠正。

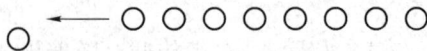

图5-67　跑动接球

练习3：连续交递球。学生分成两组，相对站立，用一球，接到对面同学交递球后向前跑动5米左右，再将球交递给跑来的同学，依次进行，如图5-68所示。注意交递球的隐蔽性。

图5-68　连续交递球

4. 核心技术——接球

手指自然分开，双手大拇指、食指碰在一起，防止球从双手间漏过砸到脸上。

5. 跑动路线

进攻时跑动是为了获得接球的机会、躲避防守、为队友掩护等。首先介绍几种跑动路线。

（1）渔钩。

跑动路线犹如渔钩一样，突然急停转身，将防守自己的人甩开，获得接球机会，如图5-69所示。

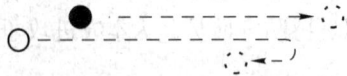

（2）变向。

通过假动作变向，将防守人摆脱开，创造接球机会，如图5-70所示。

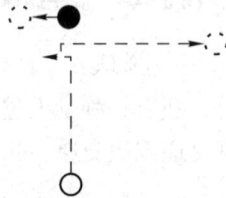

图5-69　渔钩　　　　　　　　　　　图5-70　变向

（3）组合。

组合路线多种多样，同学们可以在实战中摸索。例如，渔钩接直线跑、变向接渔钩等。

以下组织方式可在每项跑动路线讲解后运用。

练习1：固定人传球。8～10人一组，一人固定传球，其他人轮流跑动接球。传10次后交换传球人。此练习可以增加为先作中卫开球，然后跑动接球。

练习2：变换人传球。同上组织，跑动接球人先作中卫开球，然后按规定路线跑动接球，传球人传球后变为下一组的接球人。以此类推，使每人都完成"传球—开球—跑动接球"练习。

练习3：有防守人的传接球。同上组织，找一名传球好的同学固定传球，其他同学轮流跑动接球。跑之前先和传球人商量好跑动路线。防守队员先消极防守，传接球成功率提高之后再积极防守。

6. 关于腰旗

（1）上场比赛的队员都要佩戴腰旗，腰旗要在腰的两侧，上衣外面。

（2）进攻方持球队员不允许用手护腰旗。

（3）防守队员只能拉持球队员的腰旗，不能抢其手中的球。搂抱、拉衣服等动作均是犯规。

5.4.4　美式腰旗橄榄球运动基本战术

在比赛的每次进攻前，都有30秒时间可供双方制定战术。此时双方要利用好这段时间：进攻方要研究给谁传球，每个人如何跑动等；防守方要研究是采用联防还是人盯人，落实到谁盯谁。

1. 跑锋战术

（1）①和⑤交递球，①持球进攻，⑤背向进攻方向，如图5-71所示。

战术分析如下：

- 防守①的队员被②③④挡住跑动路线，很难快速跟上①。
- 防守②③④的队员被带到场地左侧，场地右侧空虚。
- 防守⑤的队员确认①持球后转身追赶，已经被甩在后面。

（2）④和⑤做假交递，①和⑤做真交递，⑤背向进攻方向，如图5-72所示。

战术分析如下：

- 防守①的队员被②③④⑤挡住跑动路线，很难快速跟上①。
- 防守②③的队员被带到场地左侧，场地右侧空虚。
- 防守④的队员被④⑤挡住，很难跟上①。

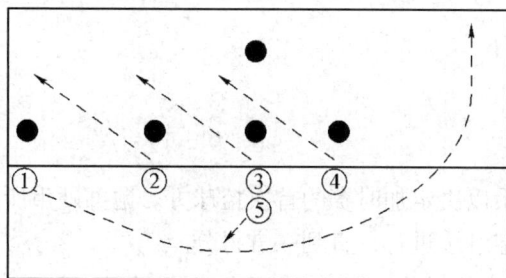

图5-71　跑锋战术1

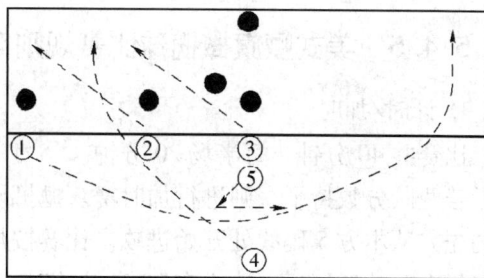

图5-72　跑锋战术2

2. 传球战术

（1）⑤将球传给③，如图5-73所示。

战术分析如下：

- ①②③④同时向右侧45°方向跑，一段距离后，③突然变向，从①②④身后向左侧跑。
- 防守③的队员被①②④挡住。

（2）伺机传球，如图5-74所示。

战术分析如下：

- ①②③④分开跑动吸引防守人，每名队员只有一人防守。
- 考验四分卫⑤的传球能力，首选传球给③，如果没有机会就传给②，其次是传给①

或④。

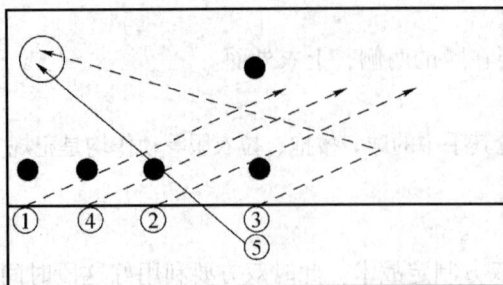
图 5 - 73　传球战术

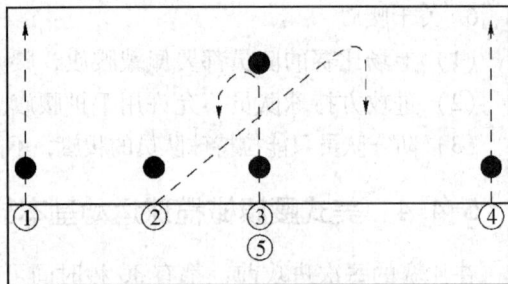
图 5 - 74　伺机传球

（3）①传球给②，如图 5 - 75 所示。

思考题：你能说出此图的战术分析吗？

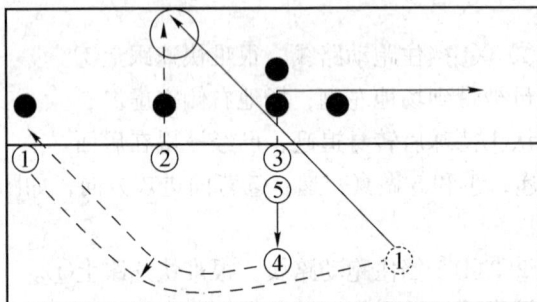
图 5 - 75　①传球给②

5.4.5　美式腰旗橄榄球比赛规则简介

1. 计时/加时

比赛共 40 分钟，每半场 20 分钟。

若两队分数持平，则进行加时赛。抛掷硬币以决定加时赛的首次控球方。抛掷硬币所决定的先方从本方 5 码线处开始进攻。比赛按规定继续进行，直到一方得分。

每次球放置好后，攻方有 30 秒钟的时间制定战术。

各队每半场有两次 60 秒钟的暂停。暂停不能积累到下半场或者加时赛。

2. 得分

达阵：6 分。

附加分：1 分（从 5 码线中点开始），2 分（从 12 码线中点开始）。

安全分：2 分。

注意：攻方附加分进攻时，如果守方阻截并到达对方阵地，则守方得 2 分，且从本方 5 码线处开始进攻。

3. 跑动

（1）中卫不能从身后的四分卫直接得球（交递球）。

（2）四分卫不能持球通过斯克兰线。

（3）攻方可以在斯克兰线后进行多次快速传递，但向前只能传球一次。

（4）当球位于 5 码线或朝阵地方向进入 5 码线以内时，攻方队员不能跑动进攻。

（5）当腰旗被拉掉时，持球者脚所在的位置即放球的位置。

4. 接球

所有球员都可以接传球（如果球已经在斯克兰线后传递出或者掷出，则四分卫也可以接传球）。球员接球时必须至少有一只脚在界内。

5. 传球

只有在斯克兰线后 7 码的球员可以突袭传球员。

四分卫有 7 秒钟的时间传球。如果 7 秒钟内未能将球抛出，则该次进攻结束，分段进攻失败，而且球放回原斯克兰线，阻截（防守方抢断球）将更换控球权。

6. 死球

（1）死球时才能更换替补球员。

（2）除了手和脚之外，当持球者身体的任何部位触地时，均为死对。

（3）当持球者的腰旗落地时，应该鸣哨示意该次进攻停止，将球放在腰旗落地处。

（4）当球员的腰旗落地时，则其不能接传球。

7. 突袭四分卫

突袭四分卫的球员（拉四分卫腰旗），必须在传递球时位于斯克兰线后至少 7 码。一旦球被传出或者交递出，或者存在假进攻或假传递，则 7 码规则失效，此时所有防守球员都可以从斯克兰线后前进。斯克兰线后 7 码将由裁判标明，或用特殊标志进行标示。

只有具备离进攻发球线 7 码或 7 码以上距离的防守队员才有资格突袭四分卫，其他不具备资格的进入发球线都属越位犯规。

8. 禁止暴行

如果裁判看到任何恶劣接触、撞击、肘击、小动作、阻挡或任何违反体育道德的行为，则应停止比赛并将该运动员驱逐出场。

讲脏话是非法的。脏话可能针对裁判、对方球员或观众。裁判有权确定脏话。若球员讲脏话，裁判将给予一次警告，若继续，则裁判应将其驱逐出场。

9. 防守处罚

（1）越位（开球前越过进攻线）。

（2）更换替补犯规（球员在鸣哨开始比赛后进入场地）。

（3）干扰信号（在攻方传递球之前，干扰/模仿进攻方信号）。

（4）攻方快速传递球时，妨碍进攻方或球的传递。

（5）非法突袭（从 7 码标志内开始突袭）。

（6）非法接触——附加首次分段进攻自动成功（拉拽、阻挡等）。

（7）非法拉掉腰旗——附加首次分段进攻自动成功（在接球者得到球前拉掉腰旗）。

10. 进攻处罚

（1）腰旗防卫。

（2）拖延比赛。

（3）进攻拉拽。

（4）球员出界（若球员出界，则球员不能回场和接球）。

（5）非法向前传球——分段进攻失败（第二次向前传球或在球已经越过斯克兰线后的传球）。

本章思考与练习题

1. 大球运动项目的基本战术都有什么？制定出你的战术。

2. 假如你是球队的教练，你会怎样训练你的球队？

第六章

小球运动

▶ **本章学习提示**

1. 了解小球运动的基本技术。
2. 根据自己的兴趣爱好掌握一至两个小球项目。

6.1 乒乓球

6.1.1 乒乓球运动概述

乒乓球运动起源于19世纪末的英国，流行于欧洲。21世纪初，乒乓球的改革规定相继出台：40毫米大球，11分赛制，无遮挡发球。乒乓球运动设备简单，不受年龄、性别限制，运动量可大可小，因而深受广大学生喜爱。

小知识：大满贯得主是指获得乒乓球世界杯、世界乒乓球锦标赛和奥运会乒乓球冠军的运动员。获得过大满贯的运动员有瓦尔德内尔、邓亚萍、刘国梁、孔令辉、王楠、张怡宁、张继科、李晓霞、丁宁、马龙。（截至2016年8月）

6.1.2 乒乓球运动基本技术

1. 握拍方法
（1）直拍握法，如图6-1所示。

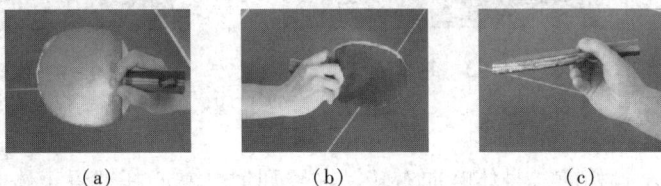

| (a) | (b) | (c) |

图6-1 直拍握法

（2）横拍握法，如图6-2所示。

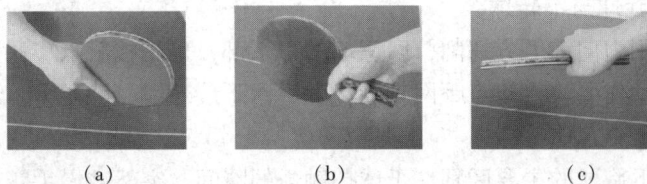

| (a) | (b) | (c) |

图6-2 横拍握法

（3）练习提示。
握拍不能太深或太浅、太松或太紧，以免影响手腕动作的灵活性及击球时发力的合理性。直拍握法与横拍握法技术上各有优缺点，练习者以适合自己为宜，本教材基本采用横拍握法教学。

2. 基本姿势

两脚开立，比肩稍宽，左脚稍前，前脚掌内侧着地用力，两膝自然弯曲，重心在两脚掌之间；含胸收腹，身体略前倾，执拍手手臂自然弯曲，放松置于身体右侧腹前，如图6-3所示。

3. 基本步法

基本步法是乒乓球技术环节的一个重要组成部分，是及时准确地运用与衔接各项技术动作的枢纽，亦是执行各项战术的有力保证。具有良好的基本步法，就能够经常保持最佳的击球位置，使击球的速度、力量、旋转得到充分的发挥。乒乓球的基本步法主要有单步、跨步、跳步、并步、交叉步五种。

4. 发球与接发球技术（以下动作以右手为例）

（1）发球。

发球是唯一不受对方制约的技术。在比赛中应力争主动，先发制人。发球种类有：高抛、低抛与下蹲；正手、反手与侧身；速度、落点、混合旋转和单一旋转；等等。初学者应先学习正手平击发球和正手发下旋球与不转球两种发球。发球动作如图6-4所示。

扫一扫

练一练

图6-3　基本姿势

图6-4　发球动作

（2）正手平击发球。

站位中近台，左脚稍前，身体略向右转，左臂屈肘、掌心托球置于体侧。抛球后，球拍开始后撤，待球回落时，上臂带动前臂向前迅速挥拍，手腕旋内，拍形稍前倾，触球中上部。击球后，手臂随势余摆，球拍收势于左脸前，眼见球拍背面，身体转正。

（3）正手发下旋球与不转球。

发下旋球球拍用力向前下方切削，摩擦球的中下部，球拍接触点应比网高。在发近网下旋球时，用力下切动作要快，落点距网较近；发远网下旋球时，除用力下切外，还应略加向前的力量。

发不转球与发下旋球的主要区别在于球拍触球的瞬间，突然减慢手臂前进速度，并减小拍形后仰角度，使作用力接近球心，旋转减弱，使其成不转球。

（4）接发球。

接发球常用推球、搓球、削球、拉球、抽球等方法来回击。推球、搓球、削球是用旋转和变化落点去抑制对方的攻势，并带有一定的防御性质。拉球和抽球（强攻）可以直接破坏对方的攻势，打法积极主动。所以，在接发球时应根据不同的情况做到时搓时拉、忽攻忽守，只有这样才能充分掌握比赛的主动权。

5. 基本击球动作

（1）推挡球。

推挡球以反手推挡球为主，其中又分高压推挡球（大力推挡）、下旋推挡球、侧上旋推挡球等。

① 快推。击球时，小臂向前推击的同时，手腕外旋，食指压拍，拇指虽放松但要贴紧拍柄，使拍前倾。在上升期时击球的中上部，把球快推过去。

② 减力挡。准备姿势和推挡动作相同，拍要前倾，当球由台面刚弹起后，球拍贴近来球并高于来球，这时前臂不仅不往前发力，相反还要随着来球的方向迅速后撤，以缓冲球的反弹力，使球落于近网。

（2）攻球。

攻球是一项基本的击球技术，也是最具有威胁力的得分手段。攻球可分为正手攻球和反手攻球。

① 正手攻球。站位靠近球台，出手快、动作小，从速度上夺得优势并为扣杀创造有利条件，如图 6 - 5 所示。

（a）　　　　　　　　　　（b）

扫一扫

练一练

图 6 - 5　正手攻球

● 正手拉球。提拉球的回落期，用大臂和小臂由后方向左前上方挥击，击球时小臂迅速向内收，配合手腕内旋动作，用球拍摩擦球的中上部。

● 正手扣杀。击球时，由小臂带动大臂由后方向左前方加速挥击，击球前用右脚蹬地，配合转腰力量形成一股合力去击来球的高点期。

● 正手攻弧圈球。攻打加转弧圈球时，先拉开手臂，球刚弹起时尽快挥拍向前下方迎击，拍面要前倾，与台面约呈 60°的夹角，击球的中上部。

② 反手攻球。其特点是：动作小、出手快、能抢先上手、争得主动而为正手大力扣杀创造机会。直拍反手攻球是我国的独特击球技术。

（3）搓球。搓球是一种近似削球手法的台内短打技术，又称小削板。搓球可分为正手搓球和反手搓球。

① 反手搓球。小臂引拍，由后向前下方发力，做铲击动作（半圆弧动作）。球拍触球

的一刹那，手腕配合小臂向前下方抖动球拍，擦击球的中下部，将球送出。反手搓球如图 6 - 6 所示。

② 正手搓球。等来球从台面反弹至最高点时，小臂向前、向内收缩发力，同时手腕配合由外向内扭动，球拍由右上方向左下方削击来球。触球时，手腕协助加快球拍的擦击速度，摩擦球体，将球送出。正手搓球如图 6 - 7 所示。

扫一扫

练一练

图 6 - 6　反手搓球　　　　　图 6 - 7　正手搓球

（4）弧圈球。

① 加转弧圈球。当来球从桌面弹起时，小臂先向前迎击球，然后小臂和大臂同时由下向上垂直挥动擦击球的中部，腰部由后方急剧向上扭转。球拍与桌面约呈 80°角，拍面与球的擦击间隙愈小愈好。在触球一刹那，加速用力，使球呈较高弧线飞出。球拍顺势挥动至额前，然后放松还原。

② 前冲弧圈球。当来球着台后，手臂向前上方迅速挥出，手腕使球拍前倾，与桌面约呈 50°角，擦击球的上部。腰部向前上方扭动，协助球拍加速摆动，使球沿一条较低弧线落于对方台面，球拍顺势前摆至面部，然后放松还原。

6. 练习方法

（1）球感练习。

① 对墙任意击球。从定位开始，逐渐后退击球，或前进和后退结合对墙击球，如图 6 - 8 所示。

② 拍面击球。自抛自打的单面击球，也可反复转动正、反两面来击球，如图 6 - 9 所示。

③ 对墙击定点球。在上述基础上，把球击在固定区域中，提高控制球的能力。

（2）挡球练习。

① 不定点的挡球练习中掌握短挡球的手法。

② 正面、左右面的挡球练习。一人固定送球，其他练习者轮流击球。

③ 圆圈跑动击球练习。做顺时针或逆时针方向跑动挡球动作。

（3）推挡球练习。

① 单线（中线、直线、斜线）推挡。推挡单线球，掌握动作。

② 推挡不同点到多点球。

③ 推挡球结合大力推挡。

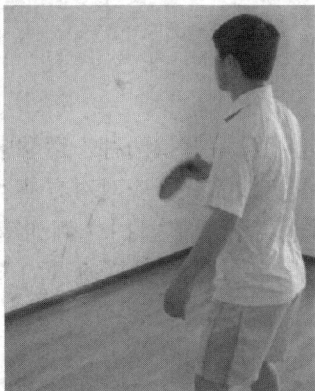

图6-8 对墙击球

图6-9 拍面击球

（4）正手攻球练习。

① 由一人抛球或自抛球，进行正手攻球，掌握正手攻球手法。

② 正手攻挡球的定点球练习。

③ 正手斜线对攻练习。

（5）反手攻球练习。

① 反手攻挡球或推挡球的练习。掌握反手攻挡球的手法，挡球的速度可逐渐加快。

② 反手二点打一点练习。在1/2台面内做反手二点打一点。

③ 推挡结合反手攻球。

（6）搓球练习。

① 自抛或对方发球的搓球练习。对方发下旋球或自己抛球，练习搓击动作。

② 正、反手搓斜线或直线球练习。

③ 反手（正手）一点对二点。

（7）发球练习。

发球要考虑落点、速度、力量、旋转。这四者结合得好，可以加强发球的攻击性，为下一步的进攻创造良好的条件。

① 发远（近）台落点球练习。

② 发长异（同）短球练习。

③ 用相同手法发转与不转球的练习。

④ 用相似手法发抖动式上、下旋球的练习。

6.2 羽毛球

6.2.1 羽毛球运动概述

羽毛球运动是一个互相进行击球对抗的球类体育运动项目。参加运动的双方以1.55米高的球网为界，分处羽毛球场地的各自半场，用羽毛球拍相互在空中击打一只羽毛球。每次击打后，球必须从网上方进入对方场区，以球落地或迫使对手回球时将球击出界外为胜。羽毛球比赛不设时间限制。

6.2.2 羽毛球运动基本技术

1. 握拍方法

羽毛球运动的握拍方法分为基本型正手握拍、基本型反手握拍两种。运动中选手在掌握基本型正手握拍和基本型反手握拍方法的基础上，根据实战需要，应对对方从不同方向和角度击来的后场球、前场球、中场球和发球，因时、因地灵活调整握拍（例如凌厉凶狠的后场大力扣杀握拍和前场精巧细腻搓球握拍是截然不同的），才能完成高质量的击球。技术水平越高，对握拍要求越高。

2. 发球方法

发球方法有正手发球和反手发球两种。按球在空中飞行的弧线，发球分为发高远球、平高球、平快球和网前球。一般而言，发平高球、平快球、网前球均可用正、反手发球技术完成，而发高远球则须采用正手发球。

（1）高远球。

扫一扫

练一练

当球拍挥至右侧稍向前下方时（击球点），右前臂加速，紧握球拍，手腕由后伸经前臂稍内旋到屈收，急速向前上方闪动击球。击球后，球拍随势向左上方减速收回至胸前。

（2）网前球。

发球时，靠前臂带动手腕向前轻推切送击球，使球擦网而过，落到对方前方发球线附近。

（3）发球的练习方法。

① 徒手做发球前的准备姿势，进行发球的动作练习。

② 在场上两人对练发球或在空地上用多球做发球练习。

③ 先练习发直线球，后练习发斜线球；先练习发定点球，后练习发不定点球。

（4）特别提示。

以学发高远球为基础，进一步学习其他发球；在端线内 40 厘米处，以及在前发球线后 30 厘米处各画上一条横线，要求将球发在有效区内。

3. 击球方法

击球方法依据其动作特点，可分为高手击球、网前击球和低手击球三种。

（1）高手击球。

扫一扫

练一练

一般将击球点高于头部的击球，称为高手击球。高手击球具有击球点高、速度快、力量大、主动性强等优点，是初学者首先必须掌握的基本技术。

高手击球时引拍要充分，击球时肘部要领先，反复体会加速挥拍闪腕击球的"抽鞭式"技术要领。注意引拍、挥拍、击球的基本功练习，注意转体、收腹的协调性。采用多球式喂球或一对一陪练喂球，让练习者通过反复练习，由易到难，逐步提高难度。

高手击球的主要练习方法有：

① 徒手练习击高球的模仿动作，体会动作要领。

② "一点打一点"，即固定直线或斜线对打。

③ "一点打两点"。

高手击球按其技术特点和球飞行弧线的不同，可分为高远球、吊球、杀球等。

① 高远球。高远球是后场击球技术的基础，可分正手、反手、头顶三种击法。

● 正手击高远球。击球时，右上臂后引，随之肘关节上提（肘部领先），在手臂伸至最高点时，做"抽鞭"式动作击球。

● 反手击高远球。背朝击球方向"甩"臂击球时，需配合全身的协调动作，要用拇指内侧顶住球拍柄"闪腕"。

● 头顶击高远球。球拍绕过头顶击球，要结合上肢、下肢的协调动作，注意腰部的柔韧性与身体重心的调整。

② 吊球。将对方击来的后场高球还击到对方的网前区亦称吊球，可采用正手吊球、反手吊球和头顶吊球三种方法。其技术要点是在触球的一刹那通过控制腕力，用"切削"的动作将球击出，拍面稍下压。

③ 杀球。把对方击来的高球大力向下扣压至对方中、后场区，称为杀球，包括正手杀球、反手杀球和头顶扣杀球三种技术。其技术要点是在触球的一刹那，通过手腕和手指控制拍面倾斜角度、用力方向和大小，扣杀出所需要的球来。

扫一扫

练一练

扫一扫

练一练

（2）网前击球。

这是一项可以调动对方、使战术多变的击球技术，包括挑球、搓球、放网前球、勾对角球、推球、扑球等。网前击球时，握拍要灵活，要充分利用腕、指的力量控制球拍、球路和落点。网前击球时，对放球、挑球、扑球每一个动作的技术结构，要有明确的概念和清晰的表象。

网前击球的练习方法有：

① 按动作要领进行模仿练习，体会动作要领。

② 通过击定点球练习，体会"切击"动作，即采用"挑一点、吊一点"的方法。

③ 做变方向的吊球练习，即采用"挑一点、吊两点"的方法。

二人可隔网对练放球，主要练习有：

① 吊上网放球、挑球、扑球组合练习。

② 杀上网放球、挑球、扑球组合练习。

（3）低手击球。

低手击球一般属于防守性技术，难度较大，通常可分为底线抽球和接杀球两种。

6.2.3　羽毛球运动基本战术

1. 单打战术

（1）压后场战术。

通过采用高远球或平高球反复压对方后场两角，造成对方被动，然后伺机采用杀球和吊球攻击对方空当。此战术用来对付初学者和后退步法慢或急于上网的对手较为有效。

（2）发球抢攻战术。

主要是以发网前球和平快球为主，限制对方的进攻，迫使对方挑球，然后用杀球和吊球进攻对方的空当和弱点。此战术主要用于对付防守较差的对手。

（3）控制网前战术。

通过各种手段抢先放网或故意让对方先放网，然后上网重复放网，并将搓球、推球、勾球、扑球结合运用，造成对方网前直接失误或被动挑球，此时应抓住有利时机大力扣杀和快速吊球。此战术主要用于对付后场技术较好而网前技术较差的对手。

（4）打四方球结合突击战术。

以快速准确的落点控制对方场区的四个角落，迫使对方前后奔跑，当对方来不及回中心位置或身体失去平衡时，抓住空当和弱点进行突击（扣杀）。此战术主要用于对付步法移动慢、灵活性差和体力较差的对手。

（5）打对角线战术。

这种战术无论是进攻还是防守前场或后场，都是以打对角线球为主。此战术主要用于对付灵活性较差、转体慢的对手。

2. 双打战术

（1）攻人。

这是双打中常用的一种战术。对付两名技术水平不一的对手时，一般都采用这种战术。它集中攻击对方一名队员，常能取得成功，在另一名赶来协助时，又可以突袭他（她）。

（2）攻中路。

守方左右站位时攻方把球打在两人中间，可以造成守方两人抢接球或同时让球，限制守方在接杀时挑大角度的高球调动攻方，有利于攻方的封网。守方前后站位时攻方把球下压或轻推在边线半场处，这多半是在接发网前球和守中反攻抢网时运用。这种球守方的前场队员拦截不到，后场队员只能以下手击球放网或挑高球，后场两角便暴露空当。

（3）攻后场。

这种战术常用来对付后场扣杀能力差的对手，把对方弱者调到后场时也可使用。此战术利用高球、平高球、挑底线把对方一人紧逼在底线两角移动，在对方击出半场和网前高球时即可大力扣杀。如在逼底线两角时对方同伴要后退支援，则可攻击网前空当或向后退者打追身球。

（4）后攻前封。

后场队员积极大力扣杀，在对方接杀放网、挑高球或企图反击抽挡时，前场队员以扑球、搓球、推球、勾球控制网前，或拦截吊封前半场，使整个进攻连贯而又凶狠、凌厉。

（5）防守。

① 调整站位。为了摆脱被动，伺机转入反攻，首先要调整好防守时的站位。如果是网前挑高球，那么接球者应直线后退，切忌对角后退，另一名队员应该补到空当位。双打防守时的站位调整都是一名队员跑动击球，另一名队员填补空当。特别是后场站位者，更要主动填补空当。

② 防守球路。攻方杀球队员和封网队员在半边场前后一条直线上，接杀球应将球打到另半边前场或后场。攻方杀球队员和封网队员在前后对角位上，接杀球可回击到杀球者的网前或封网者的后场。攻方杀球队员杀大对角后，另一名队员想要退到后场去助攻时，接杀球方可回击到网前中路或直线网前，把攻方杀来的直线球挑对角，或将杀来的对角球挑直线以调动杀球者。

以上几种球路，都是为了破坏攻方的连续进攻，在攻方杀球质量不高时即可平抽或蹲挡。在攻方站位混乱而出现空当时，守方也可以反守为攻。

6.2.4 羽毛球运动比赛规则简介

1. 场地

羽毛球场地如图 6 – 10 所示。

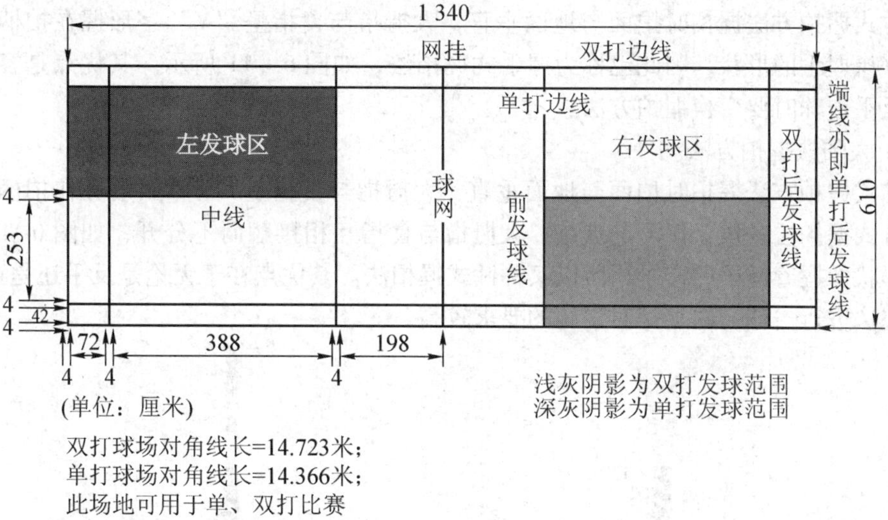

图 6 – 10 羽毛球场地

2. 单打规则

（1）每场比赛采用 3 局 2 胜制。

（2）率先得到 21 分的一方赢得当局比赛。

（3）如果双方比分打成 20：20，获胜一方须超对手 2 分才算取胜。

（4）如果双方比分打成 29：29，则率先得到第 30 分的一方取胜。

（5）首局获胜一方在接下来的一局比赛中率先发球。

（6）当一方在比赛中得到 11 分后，双方队员将休息 1 分钟。

（7）两局比赛之间的休息时间为 2 分钟。

3. 双打规则

（1）改双发球权为单发球权。

（2）后发球线保留，现行规则适用。

（3）比赛开始前，双方通过投硬币方式确定由哪一方来选择先发球。

6.3 网球

6.3.1 网球运动概述

网球运动孕育在法国，诞生在英国，开始普及和形成高潮在美国，被称为世界第二大球类运动。网球比赛场地有草地、硬地、泥沙地、塑胶场地，或用沥青涂塑等材料制成的场地。网球运动的锻炼价值很高，既是一种消遣和增进健康的手段，也是一种艺术追求和享受，还是一种扣人心弦的竞赛项目。作为网球运动的初学者，首先应学会并巩固规范化的击球方法，然后学习一些基本的战术和比赛规则。

6.3.2　网球运动基本技术

1. 握拍方法

（1）东方式握拍方法。

东方式握拍方法握拍时拍面与地面垂直，大拇指与食指呈"V"字形握在拍柄的中部。由于恰好像握手的形状，因此也称为握手式握拍法，如图6-11所示。其优点是容易发力，缺点是反手击球时要变换握拍方法。

（2）大陆式握拍方法。

大陆式握拍方法握拍时拍面与地面垂直，大拇指与食指呈"V"字形握在拍柄的中部，这与东方式握拍法一样，但不同点是，大拇指与食指互相接触而不分开，如图6-12所示。由于其形状像握着锤子的样子，所以又称锤式握拍法。其优点在于无论是反手还是正手都能以不变握法进行击球，缺点是对手腕的要求较高。

图6-11　东方式握拍方法　　　　图6-12　大陆式握拍方法

（3）西方式。

球拍面与地面平行，手掌从上面握住拍柄，就像提长柄锅那样。其优点是打各种球时能有很大的威力，缺点是对近网低球比较难处理。

2. 正手击球

正手击球的机会比较多，因而是网球运动中基本的、主要的击球方法和进攻方法。正手击球和反手击球均有平击、切削和上旋等几种打法。

（1）准备姿势。

上身稍向前倾，重心稍放在前脚掌上，双膝微屈，左手扶住球拍，球拍置于肚脐与胸部的高度之间。

（2）转肩后摆。

后摆指挥拍击球之前向后挥摆球拍的动作。随着转体快速、平稳地向后挥摆球拍，球拍后摆的轨迹如同英文大写字母C，呈弧线状，后摆结束时，球拍指向后方。

（3）挥拍击球。

向前挥拍击球时，要紧握球拍，手腕绷紧，球拍从稍低于腰部处开始，做弧线轨迹运动，逐步上升，向前挥拍。

（4）随球动作。

在击球后，球拍自然地随着击球动作的惯性做随球动作，幅度要大。

3. 反手击球

反手击球有单手反手击球和双手反手击球，下面介绍单手反手击球。

（1）准备姿势。

与正手击球的准备姿势基本相同。

（2）转身后摆。

后摆动作的进行要有充分的余地，最好是在来球刚过网时进行，反手击球的后摆要求平稳而连续，但 C 型动作比正手击球动作小一些。

（3）挥拍击球。

击球点应在右髋前 30 厘米处，因而必须早做准备，否则会束缚挥拍，导致击球软弱无力。击球时，身体应前倾，将转体的力量连同挥拍作用于拍弦击球上，这样打出的球才会稳定而有力。

（4）随球动作。

转体约 45°，随球动作结束于侧前方高处。此时，重心在前脚上，后脚跟跷起。

4. 发球

发球是网球运动最重要的技术之一。发球分为平击发球、切削发球和旋转发球三类。有效的发球应具有攻击性，并在速度、力量旋转和落点方面有变化。发球的动作要领有以下几点。

（1）握拍与站位。

发球时握拍方法采用大陆式握拍法比较合适。发球的站位要求在端线后，身体自然，两脚开立与肩同宽，前脚与端线成 45°，距端线约 5 厘米，重心放在后脚上，左肩侧对着球。

（2）抛球与后摆。

开始时，两手的运动应是"同上同下"的，协调而有节奏。抛球要使球平稳、和缓地离开手指。同时，右手将球拍后摆，呈击打姿势，后摆移动，呈悬垂弧状，向下，然后抬起，指向身后的护栏。当左手放开球时，右臂大致与地面平行。这一点，也是后摆结束的标志。

（3）挥拍击球。

后摆结束后紧接着就是"搔背"动作，指的是球拍头在身后形成弧圈和加速的轨迹。后摆是缓慢的，但"搔背"动作是快速的。当球拍头抬起准备触球时，要逐渐转动球拍，根据发球的类型，用相应的拍面去接近球。击球点应在抛球至最高点，刚开始下落的一瞬间。

（4）随球动作。

击球后球拍继续以全弧运动经过身体的左侧。为了加力，右脚可跨入场内。

5. 接发球

接发球属于打落地球技术，也是一项重要的击球技术。接发球时应根据对方的实际情况，如发球的方法、旋转、力量和速度，通过判断，采用相应的接发球方法。

6. 截击球

截击球是在网前进行的一种攻击性击球方法，即在球落地之前，便将来球击回对方场区。它回击速度快、力量重、威胁大，使对方难以应付，是迅速得分的一种有效手段。截击球分为正手截击球和反手截击球两种。

7. 挑高球

挑高球是进攻和防守的双重武器。防守性挑高球的弧线很高，通常从一边的端线高放到另一边的端线附近，从而为自己赢得时间，摆脱困境，占据有利位置。进攻性挑高球常用以对付飞速上网的对手，采用突然袭击的方式，将球挑到对方后场较深区，使对方难以到位救球，从而失分。

8. 步法

网球的步法不仅是奔跑，还要求具备芭蕾舞演员的精确性、拳击手的反应力及篮球运动员的善择时机。

6.3.3　网球运动练习方法

1. 击球练习

对墙练习，开始离墙 5 ~ 6 米，逐渐退至离墙 12 米处，进行各种击球技术的练习。

学生 A ~ E 成一列纵队站于端线后，A 首先击球，完成后出列做跨步到 E 的后面，B 随后进行击球，以此类推。

学生进行横向跑动打斜线或直线球，教师用截击球回击，反复练习。

教师在底线把球送出，学生进行横向跑动，击打斜线或直线球，反复练习。

2. 抛球练习

抛球练习，一是稳定性练习，悬挂一目标，反复向目标抛球，提高抛球稳定性。二是落点正确性练习，在球正确落地处做一标记，反复练习抛球，让球落入标记区。

对墙练习，在墙上画一标记，练习者离墙 6 ~ 8 米，将球发向标记，要求动作放松、自然，有一定的力量，命中率尽可能高。

学生分两列纵向站立，A、B 两人各发两个球后，排到另一队的最后，与 C、D 交换，以此类推。

3. 截击球练习

教师用手直接向学生轮流投球，学生回球后，教师再以球拍回球，反复练习。

将学生分成 A 与 B、C 与 D 等若干组，由 A 与 B 组先练习，当出现失误后，由 C 与 D 组接替，以此类推。

6.3.4　网球比赛规则简介

1. 场地

网球场地如图 6 – 13 所示。

2. 计分方法

（1）胜 1 局。

① 每胜 1 球得 1 分，先得 4 分者胜 1 局。

② 双方各得 3 分时为"平分"，平分后，净胜两分为胜 1 局。

（2）胜 1 盘。

① 一方先胜 6 局为胜 1 盘。

② 双方各胜 5 局时，一方净胜两局为胜 1 盘。

（3）决胜局计分制。

在每盘的局数为 6 平时，有以下两种计分制。

① 长盘制：一方净胜两局为胜 1 盘。

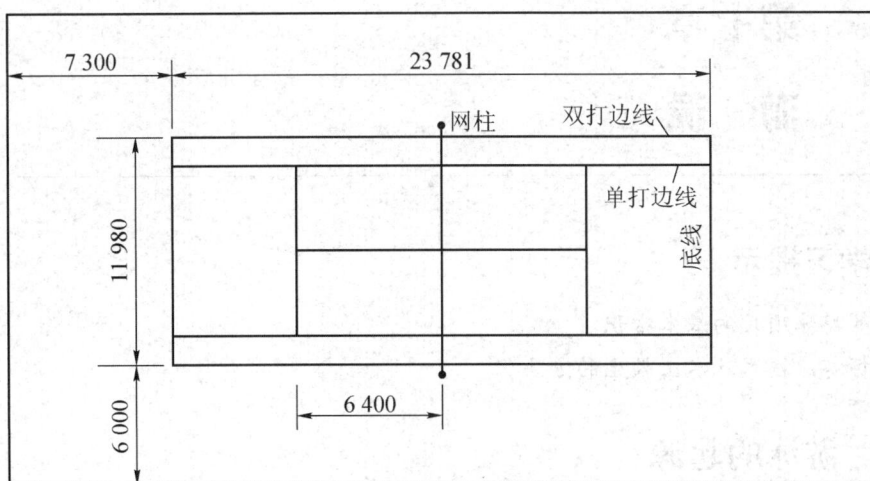

图 6 – 13　网球场地

② 短盘制。决胜盘除外，除非赛前另有规定，一般应该按以下办法执行：先得 7 分者为胜该局及该盘（若分数为 6 平时，一方须净胜两分）；首先发球员发第 1 分球，对方发第 2、3 分球，然后轮流发两分球，直至比赛结束；第 1 分球在右区发，第 2 分球在左区发，第 3 分球在右区发，依次类推；每 6 分球和决胜局都要交换场地。

3. 通则

（1）交换场地。

双方应在每盘的第 1、3、5 等单数局结束后，以及每盘结束双方局数之和为单数时，交换场地。

（2）失分。

发生下列任何一种情况，均判失分。

① 在球第二次着地前，未能还击过网。

② 还击的球触及对方场区界线以外的地面、固定物或其他物件。

③ 还击空中球失败。

④ 故意用球拍触球超过一次。

⑤ 运动员的身体、球拍在发球期间触及球网。

⑥ 过网击球。

⑦ 抛拍击球。

（3）压线球。

落在线上的球都算界内球。

本章思考与练习题

1. 小球运动都有哪些？它们分别起源于哪儿？

2. 你可以胜任小球运动的裁判吗？

第七章

游　泳

▶ **本章学习提示**

1. 了解游泳项目的基本常识。
2. 掌握游泳技术及水上救生的方法。

7.1　游泳的起源

人类的游泳运动源远流长，其产生与人类社会的生产劳动、生活娱乐及战争等紧密相连，它是人类在征服自然、改造自然的生产劳动中产生，在满足人们的娱乐、竞争中发展起来的。

在我国，有文字记载的游泳运动始于春秋时期。从古代大禹治水及各朝代水师设置的资料中可以推断，各时期的水中活动技能都已有相当水准。近代海军训练有游泳课程，黄埔军校的资料记载中也有游泳科目。鸦片战争以后，欧美体育运动逐渐进入我国，竞技游泳在城市中开始流行。

7.2　游泳的分类

游泳运动包括游泳、水球、花样游泳和跳水四个项目，它们都在国际游泳联合会（以下简称"国际泳联"）的管理之下。随着发展，它们已成为独立的四个竞赛项目。随着人类社会的发展，游泳逐渐被用于军事、娱乐、竞赛、健身和体疗。游泳的姿势也变得多种多样。根据目的和功能，游泳运动可分为竞技游泳、实用游泳、大众游泳三类。

7.2.1　竞技游泳

竞技游泳是指有特定技术要求，按相关规则进行比赛的游泳运动项目。随着游泳运动的发展，竞技游泳可分为游泳池比赛和公开水域比赛两大类。

在游泳池比赛的竞技游泳包括蛙泳、自由泳、蝶泳、仰泳和由这四种姿势组成的个人混合泳，以及接力游泳比赛。

7.2.2　实用游泳

实用游泳是指直接为生产、军事、生活服务的游泳活动，包括踩水、侧泳、反蛙泳、潜泳、水上救护、着装泅渡等非竞技游泳。竞技游泳技术虽然没有包括在实用游泳技术中，但人们在泅渡、水上救护和水上做积极休息时常采用蛙泳和仰泳。在快速救护时，常用自由泳。

7.2.3　大众游泳

大众游泳是以健身和娱乐为主要目的的游泳活动，如水中游戏、康复游泳、健身游泳和冬泳等。

7.3　游泳的安全卫生常识

7.3.1　安全常识

1. 确立安全第一观念。
2. 选择安全卫生的游泳场所。
3. 游泳前严格体检。
4. 饮酒、饱食后和饥饿、过度疲劳时不能游泳。
5. 游泳前要做好准备活动。
6. 量力而行，不逞能。
7. 自救和呼救。

7.3.2　卫生常识

1. 遵守公共卫生，文明游泳。
2. 预防疾病。
3. 游泳装备：泳装、泳镜、泳帽。

7.4　游泳的主要内容及练习方法

7.4.1　熟悉水性

游泳熟悉水性阶段的主要内容是水中行走、跳跃，水中呼吸，水中睁眼、浮体与站立，水中滑行和熟悉水性游戏等。

1. 水中行走、跳跃

体会水的阻力、压力和浮力，学会水中行走、跳跃时维持身体平衡的方法，消除"怕水"心理。

（1）练习方法。

扶边行走、拉手行走、划水行走、扶边跳跃、徒手跳跃。

（2）注意事项。

水中行走、跳跃时，身体应保持直立，以防身体向侧、后方倾倒。

2. 水中呼吸

掌握正确的游泳呼吸技术，防止喝水、呛水现象的出现。

（1）练习方法。

① 闭气练习：手扶池边或拉同伴的手，深吸气后，闭气下蹲将头没入水中，停留片刻后脸出水。

② 呼气练习：头部没水，稍闭气后用口鼻同时缓慢、均匀地呼气，呼气的后段应边呼气边抬头。当口将出水面时，应用力将气呼完。

③ 连续呼吸练习：同上练习，练习次数逐渐增加。吸气要快而深，呼气要慢而均匀，并逐渐加大呼气量，口将出水面前快速用力将气呼完，紧接着在水面上快而深地吸气。练习时，可按"快吸""微闭""慢呼""猛吐"的要领进行。

（2）注意事项。

游泳的呼吸包括用口吸气，用口和鼻呼气，快速用力地呼气与紧接的快而深的吸气。

3. 水中浮体与站立

体会水的浮力，初步掌握在水中浮起、维持身体平衡及由浮体至站立的方法。

（1）练习方法。

① 抱膝浮体，如图 7-1 所示。并腿站立，深吸气后，低头含胸，同时两脚轻蹬池底，提膝、收腹、团身、抱腿，呈抱膝姿势自然漂浮于水中。站立时，两手松开，两臂前伸，手掌向下压水并抬头，同时两腿下伸，脚触池底后站立。

② 展体浮体，如图 7-2 所示。两脚开立，两臂放松前伸，深吸气后，身体前倾并低头，屈膝下蹲，两脚轻蹬池底，两腿放松上浮呈俯卧展体姿势漂浮于水中。

（2）注意事项。

在练习时，抱膝浮体应强调在蹬离池底时两脚同时蹬离，团身过程中膝部贴紧前胸，下颚微收并低头；展体浮体应强调肩部放松，滑行时低头看池底，双腿伸直并拢，踝关节绷直。

图 7-1 抱膝浮体　　　　图 7-2 展体浮体

4. 水中滑行

使学生体会和掌握游泳时身体的水平位置和流线型身体姿势，为各种泳式腿部动作的学习打好基础。

（1）练习方法。

① 蹬池底滑行，如图 7-3 所示。两脚前后开立，两臂前伸，两手并拢。深吸气后上体前倾并屈膝，当头和肩没入水中时前脚掌用力向后下蹬离池底，随后两腿并拢，使身体呈俯卧姿势在水面下向前滑行。

② 蹬池壁滑行，如图 7-4 所示。背对池壁，一手扶池边，一臂前伸，同时一脚站立，一脚贴池壁。深吸气后低头，上体前倾，提臀，向上收支撑腿，两脚贴紧池壁，两臂前伸、并拢，头夹于两臂之间，两脚用力蹬池壁，使身体呈俯卧姿势在水面下向前滑行。

（2）注意事项。

练习滑行时应强调身体的水平位置和流线型姿势。

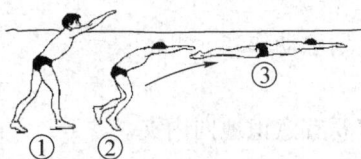

图 7 - 3 蹬池底滑行

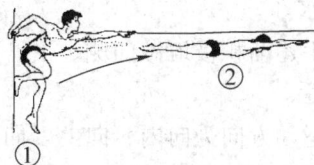

图 7 - 4 蹬池壁滑行

7.4.2 蛙泳

蛙泳是一种模仿青蛙游泳动作的游泳姿势，也是一种古老的泳姿，早在四千多年前，在中国、罗马、埃及就有类似的游泳方式。

1. 身体姿势

蛙泳在游进之中，身体不是固定在一个位置上，而是随着手、腿的动作不断地变化。当一个动作周期结束后，身体应展胸、稍收腹、微塌腰，两腿并拢，两臂尽量伸直，颈部稍紧张，头置于两臂之间，眼睛注视前下方。整个身体应以身体的横轴为轴做上下起伏的动作。

2. 腿部动作

（1）滑行。

两腿并拢、伸直，身体呈水平姿势。

（2）收腿。

两膝自然逐渐分开，小腿向前回收，回收时两脚放松，脚跟向臀部靠拢，边收边分。收腿结束后，大腿与躯干成120°～140°角，两膝内侧大约与髋关节同宽。大腿与小腿之间的角度为40°～45°，并使小腿尽量呈垂直姿势。

（3）翻脚。

收腿即将结束时，脚仍向臀部靠近，这时膝关节向内扣，同时两脚向外侧翻开。收腿与翻脚、蹬水是一个完整连续的动作过程。

（4）蹬水。

蹬水应由大腿发力，边蹬边夹，蹬夹一起完成。

（5）滑行。

蹬夹水结束后，身体随着蹬水的动力向前滑行。

（6）水中练习。

手扶支撑物，身体俯卧于水面，髋关节展开，两腿放松，伸直、并拢，做收、翻、蹬、夹、停的动作。

3. 臂部动作

（1）开始姿势。

两臂保持一定的紧张状态，自然向前伸直，并与水面平行，掌心向下，手指自然并拢，使身体呈一条直线。

（2）抓水。

从开始姿势起，手臂先前伸，并使重心向前，同时肩关节略内旋，两手掌心略转向外斜下方，并稍屈手腕，两手分开向侧斜下方压水，当手掌和前臂感到有压力时，就开始划水。

（3）划水。

两臂两手逐渐积极地做向侧、下、后方的屈臂划水动作。

（4）收手。

收手的运动方向为向内、向上、向前。肘关节要有意识地向内夹。

（5）伸臂。

掌心由开始的向上逐渐转为向内，双掌合在一起向前伸出，在最后结束前逐渐转向下方。

（6）水中练习。

① 站立水中划臂。两脚开立站于齐胸深水里，上体前倾，做原地及走动的划臂练习。划水时，体会水对手掌的压力。手每划一次水，两臂在体前伸直、并拢，稍停片刻，主要体会划水路线。

② 俯卧滑行划臂练习。臂的动作同上，由走动到俯卧滑行，划臂与呼吸配合。

4. 呼吸与动作配合

（1）基本技术。

手臂滑下（抓水）的同时，开始逐渐抬头，这时腿保持自然放松、伸直的姿势。手臂划水时，头抬至眼睛出水面，腿还是不动。只有收手时才开始收腿，并稍向前挺髋，这时头抬至口出水面，并快速、有力地吸气。伸手臂的同时低头，用口鼻进行呼气，并且在手臂伸至将近 1/2 处时，进行蹬夹水的动作，之后，让身体伸展滑行一段距离，蹬速降低时进行第二个周期的动作。

（2）练习方法。

① 陆上完整配合动作练习。

② 水中滑行，做臂和腿的分解配合练习。先划一次臂，再蹬一次腿，建立先臂后腿的动作概念。

③ 臂和腿连贯配合。在上述练习的基础上，过渡到划水腿不动——收手又收腿——先伸臂再蹬腿——臂和腿伸直漂一会儿的连贯配合。

④ 完整配合。在上述两个练习的基础上，加抬头动作，由臂和腿配合两次，呼吸一次，逐渐过渡到臂和腿配合一次吸气一次。

7.4.3 自由泳

自由泳是竞技游泳比赛项目之一。对技术没有规则限制，比赛时，运动员多采用最快的爬泳技术，致使人们把爬泳亦称为自由泳。19 世纪初，澳大利亚人 R. 卡维尔用两腿交替打水，取代剪夹水技术取得比赛胜利。1922 年美国人韦斯摩洛改进用两臂交替划水和两腿六次交替打水配合，形成现代爬泳模式。

1. 身体姿势

身体俯卧在水面呈流线型，背部和臀部的肌肉保持适当的紧张度，在游进中保持头部平稳，躯干围绕身体纵轴有节奏地自然转动。

2. 腿部动作

（1）滑行。

两腿并拢伸直，身体呈水平姿势。

（2）打腿。

两腿要自然并拢，脚稍内旋，踝关节放松，以髋关节为轴，由大腿带动小腿和脚掌，两腿交替做鞭打动作，如图7-5所示。

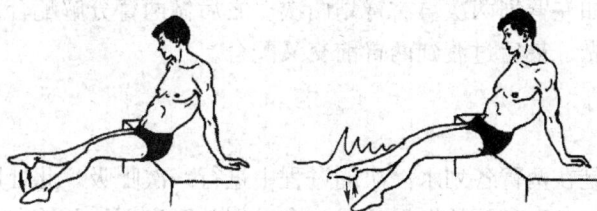

图7-5 打腿

（3）水中练习。

手扶池槽，身体呈水平姿势，两腿交替打水。

3. 臂部动作

自由泳时臂部动作是推动身体前进的主要动力。一个周期分为入水、抱水、划水、出水和空中移臂五个阶段。

（1）入水。

入水时手指自然伸直并拢，臂内旋使肘关节抬高处于最高点，手掌斜向外下方，使手指首先触水，然后是小臂，最后是大臂自然插入水中。

（2）抱水。

臂入水后，在积极向下方插入的过程中，手掌从向斜外下方转向斜内后方并开始屈腕、屈肘，肘高于手，以便能迅速过渡到较好的划水位置。

（3）划水。

动作过程可分为拉水和推水两个部分。保持抬肘，并使大臂内旋。同时继续屈肘，使手的动作迅速赶上身体的前进速度。拉水至肩的垂直平面后，即进入推水部分，大臂保持内旋姿势，带动小臂，用力向后推水。向后推水有一个从屈臂到伸臂的加速过程，手掌以从内向上、从下向上的动作路线加速划至大腿旁。整个划水动作，手的轨迹始于肩前，继之到腹下，最后到大腿旁，呈"S"形。

（4）出水。

划水结束时，掌心转向大腿，出水时小指向上，手臂放松，微屈肘。由上臂带动，肘部向外上方提拉，带前臂和手出水面，掌心转向后上方。

（5）空中移臂。

紧接出水，不停顿地进入空中移臂，移臂时，肘高于手，由肘带动前臂和手向上、向前移动准备入水，动作应放松、连贯。

（6）两臂配合。

两臂划水发生的交叉位置有前交叉、中交叉和后交叉三种类型。前交叉是指一臂入水时，另一臂已前摆至肩前方，与平面呈30°角左右。前交叉有利于初学者掌握爬泳动作和呼吸。中交叉是指一臂入水时，另一臂处在向内划水阶段，与水平面呈90°角。后交叉是指一臂入水时，另一臂划至腹下，与水平面呈150°角左右。

（7）练习方法。

① 水中练习。站在浅水中，做陆上练习。在走动时做，要求划水时适当用力，注意手

掌对水，推水时掌心向后，体会划水路线及水感。

② 两臂配合。蹬池壁滑行，后腿轻轻打水或大腿夹助浮器，以帮助下肢浮起，使身体平衡，做单臂划水，如左臂划两次再右臂划两次；之后做两臂分解配合，即左臂划水、空中移臂，入水后右臂再做，最后过渡到两臂前交叉配合。

4. 呼吸技术

（1）呼吸。

自由泳时，一般是在两臂各划水一次的过程中进行一次呼吸。此处以向右边吸气为例进行说明。右手入水后，口和鼻开始慢慢呼气。右臂划水至肩下，开始向右侧转头和增大呼气量。右臂推水即将结束时，则用力呼气。右臂出水时，张口吸气，至空中移臂的前半部，开始转头还原。直至臂入水结束，有一个短暂的闭气过程，脸部转向前下。头部稳定时，右臂入水，再开始下一慢慢呼气的过程。

（2）呼吸与臂、腿配合。

初学者一般都采用"1∶2∶6"的方法，即呼吸一次、臂划两次、腿打六次，这种呼吸与臂、腿配合方法易使人体保持平衡，帮助初学者协调掌握自由泳技术。

（3）练习方法。

陆上和水上练习：臂与呼吸配合，同侧臂开始划水时呼气，推水时转头吸气，吸气后头迅速转回，手再入水。

5. 腿、臂的动作与呼吸的配合

自由泳的腿臂配合是打六次腿，两臂各划一次，配合一次呼吸。目前有的优秀运动员采用四次打水甚至两次打水配合的方法，也有的采用不规则的五次打水配合的方法。

7.4.4 蝶泳

蝶泳技术是在蛙泳技术动作基础上演变而来的，从外形看，好像蝴蝶展翅飞舞，所以人们称它为"蝶泳"。蝶泳的腿部动作酷似海豚，所以又称为"海豚泳"。

1. 身体姿势

蝶泳的身体姿势与其他泳姿不同，它没有固定的身体位置。在蝶泳的游进中，躯干各部分和头不断改变彼此间的相对位置，头和躯干有时露出水面，有时潜入水中，形成波浪形式，上下起伏地变换位置。

2. 腿部动作

蝶泳打水时，两腿自然并拢，脚跟稍微分开呈"内八字"，两脚处于最低点，膝关节伸直，臀部上抬至水面。然后两腿伸直向上移动，髋关节逐渐展开，臀部下沉，大腿开始下压，膝关节自然弯曲，大腿继续加速向下。随着屈膝程度的增加，脚抬至接近水面时，臀部下降到最低点，脚向上抬至最高点，并准确地向下后方打水。当脚向下打水时，踝关节放松，脚面绷直，然后和小腿随大腿加速向后下方推水。双脚继续加速向下后方打水，动作尚未结束时，大腿又开始向上移动。当膝关节完全伸直时，向下打水的动作即结束。

（1）陆上模仿。

原地站立，两脚尖内扣呈"内八字"，两臂上举或背于身后，做挺腹、提臀、伸膝的动作。开始时可以将动作分解进行，逐渐把挺、提、伸动作连贯起来，体会腰、腹、腿的波浪动作。

（2）水上练习。

滑行先打爬泳腿，再过渡到两腿并拢打水，腰部自然放松。扶板练习，扶住板的近端，两臂伸直，抬头或低头均可，以巩固腿的动作技术。

3. 手臂动作

蝶泳的划水是两臂在头前入水，同时沿身体两侧做曲线划水。它的技术环节分为入水、抱水、划水、推水、出水和空中移臂等几个阶段。练习方法如下：

（1）陆上模仿。

脚并拢站立，身体前倾，做蝶泳臂的划水动作，体会划水路线和转肩的动作。同上练习。配合呼吸，推水时抬头吸气，用低头转肩来带动移臂，入水后呼气。

（2）水上练习。

站在浅水处做陆上模仿的练习，体会手的划水路线及划水对身体的推动作用。同上练习。在两臂向后划水的同时两脚蹬水，使身体向前上方跃起前扑，随即抬头吸气，而后低头，两臂空中前移，在肩前方入水，然后收腿站立。

4. 配合技术

（1）臂和呼吸的配合。

蝶泳时，呼吸要借助于两臂划水过程中的推水动作，使头抬至口露出水面时吸气。吸气的速度要快，头必须在臂入水前回到原来的位置，慢呼气或者稍憋气后呼气。蝶泳的呼吸一般是一次划水一次呼吸，但是为了加快游进的速度，也可采用在两次以上的划水动作之后，再做一次呼吸的技术。

（2）臂腿呼吸的配合（即完整的配合动作）。

蝶泳臂、腿、呼吸的配合比例一般为1∶2∶1，即一次手臂动作、两次腿的动作、呼吸一次。两次打腿的力量一般是第一次轻、第二次重，要有所区别。完整的配合动作是两臂入水时做第一次向下打腿、臂抱水时腿向上；当两臂划至腹部下时，开始做第二次向下打水的动作，并且抬头吸气。推水结束时打腿也结束，移臂时腿又向上准备做下一周期的打腿动作。

（3）练习方法。

① 陆上练习。两脚内扣站立，两臂前移时屈膝，入水时伸膝，划水时屈膝，推水时伸膝，逐渐配合低头和抬头的呼吸动作。

② 水上练习。由滑行打腿开始，两臂前伸，一边慢呼气一边打腿。等需要吸气时，双臂做一次划水的动作，随即抬头吸气，然后继续打腿，如此循环练习。注意此练习以能做到自如呼吸为目的。

重复以上练习。要求两次打腿一次划臂和一次呼吸的完整配合技术。从能做一个配合动作到多个配合动作，逐渐增加游距。

7.4.5　仰泳

仰泳是一种人体仰卧在水中游进的姿势，运动员仰卧于水面，身体自然伸展，头和肩部略高，腿部较低，臂、腿轮流交替划水和踢腿。

1. 身体姿势

身体应自然伸展，接近水平地仰卧于水面，头和肩部略高于腰部和腿部，身体纵轴与水平面构成一个较小的锐角。

仰泳时，身体也应随划水和打腿动作绕纵轴自然转动，转动角度在45°左右，以利于保持划水的深度和合适的角度，使手臂能更充分地发挥肌肉力量。

练习方法如下：

（1）水中仰卧漂浮。

头和上体慢慢后仰，由同伴托住头，做仰卧漂浮练习，要求展髋，头躺在水中。

（2）蹬池边仰卧滑行。

两手拉池槽，两脚在水面下贴池边（接近水面），然后轻轻放手，上体慢慢后仰，脚蹬池壁，两臂放在体侧，身体呈流线型，仰卧滑行。

2. 腿部动作

仰泳踢腿的作用主要是保持身体位置，此外可产生一定的推进力。踢腿由上踢和下压两部分组成。

（1）水中练习。

两手反推池槽或后撑池底，身体仰卧，浮于水中，髋关节展开，两腿伸直稍内旋，做上下交替鞭状打水动作。要求屈腿后上踢，直腿下压，膝和脚不能露出水面。

仰卧滑行打腿，同上练习，滑行后两腿交替上下踢水，两手可在体侧做拨水动作。

同上练习，要求单臂或双臂前伸进行打水练习。

（2）易犯错误。

勾脚打水、上踢过高、打腿过低。

3. 臂部动作

仰泳手臂的划水动作是产生推进力的主要因素，仰泳水下的划水路线近似"S"形。

（1）入水。

手的入水点应在肩延线或肩延线与中线之间，应以小拇指领先，手掌朝外。

（2）抱水。

手臂入水后应积极下滑抓水，积极伸肩，手臂向外旋转，屈腕，使手臂对准水并有压水的感觉。

（3）划水。

划水是在抱水的基础上进行的。肘关节下降，手在向后划水的同时向上移动，当手臂划到肩下与水平面垂直时，划水结束，转入推水。推水开始后，手的移动领先于前臂和肘关节，手、前臂和上臂用力向后方推水。

（4）出水。

推水完成后，手臂迅速提拉出水面。出水时手臂应伸直，先压水后提肩，使肩部首先出水，再带动上臂、前臂和手依次出水。

（5）空中移臂。

出水后，手臂应迅速直臂向肩前移动，上臂应贴耳。手臂移过垂直部位后应向外旋转，使掌心向外，为入水做好准备，如图7-6所示。

图7-6 空中移臂

（6）两臂配合。

仰泳时两臂的配合最好采用中后交叉配合，

即一臂入水时,另一臂推水结束,两臂基本处于相反的位置,以保证动作的连贯性和前进速度的均匀性,如图 7-7 所示。

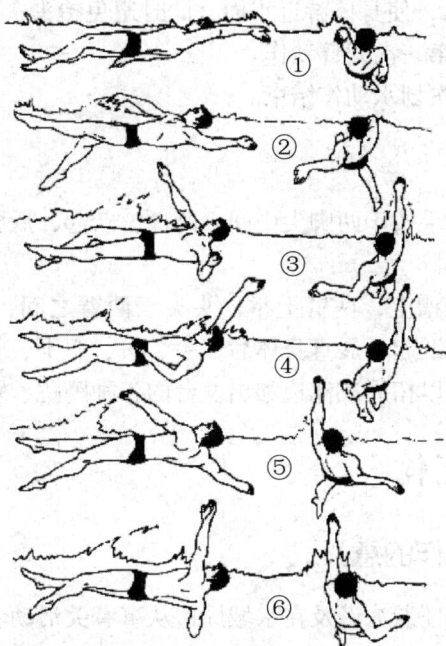

图 7-7 两臂配合

(7) 练习方法。

① 陆上模仿练习。原地站立或仰卧凳上,模仿仰泳时的双臂划水动作。先做单臂动作,后做两臂配合动作。先要求直臂划水,后要求逐步过渡到屈臂划水。

② 水中练习。单手扶池槽或扶水线仰卧水中,另一臂划水。先直臂再屈臂,划水路线要长。仰卧水中,由同伴抱住双腿,做仰泳臂划水动作的练习。

(8) 易犯错误动作。

双臂划水用力过早,手入水点太宽,两臂配合分解不连贯。

4. 完整配合技术

仰泳比赛项目最长距离为 200 米,基本为短距离项目。现代仰泳技术中较常见的是六次打腿、两次划臂、一次呼吸的配合技术。仰泳时口鼻始终露出水面,呼吸不受限制,但为了避免呼吸不充分造成的动作紊乱,运动员一般应保持一定的呼吸节奏。

7.4.6 出发

1. 自由泳、蝶泳、蛙泳出发动作要点

(1) 低头屈体,双手抓跳台前沿。

(2) 拉台,使身体前移。

(3) 蹬台,双手向前上伸。

(4) 离台,低头,目下视,两臂下伸,起跳角约 45°。

(5) 腾空,身体保持流线型姿势。

(6) 腾空达最高点后,屈体。

（7）入水后，转为后弓。

（8）小幅度的海豚泳打水动作。

（9）两腿开始上下打水，使身体游近水面，此时避免抬头，身体仍保持流线型姿势。

（10）身体出水前开始第一次划臂动作。

（11）头部出水，第一次划水动作结束。

2．基本练习方法

（1）陆地模仿。

两脚开立与肩同宽，两手按于两脚尖中间，蹲撑，跃起，后腿伸直，腹部微收。

（2）池边坐跳。

坐于池边，两脚踏于池槽上，两臂上举，头夹于两臂之间，上体前倒，臀部离开池边时，脚蹬槽，身体向前上方跃起，展直身体后，手、头、躯干、腿、脚依次入水。

根据基本练习方法，可以拓展成池边和出发台的各种蹲跳、跳跃及出发练习。

7.5　水上救生工作

7.5.1　水上救生工作的意义

水上救生工作是一项保证游泳者及在水域周边从事有关活动者安全的重要措施。水上救生工作是一项"拯溺救难"的高尚工作。加强水上救生、救护工作，贯彻"以防为主，以救为辅，防救结合，有备无患"的精神，重视安全教育以防止游泳事故发生，对促进开展"全民健身"活动也有着重要意义。

7.5.2　赴救

1．间接赴救法

间接赴救法是一种救生员利用救生器材，对较清醒的溺者施救的技术。

2．直接赴救法

直接赴救法是一种救生员不借助任何救生器材，徒手对溺者施救的技术。

（1）入水前的观察。

发现溺者后，立刻迅速扫视水域，判断溺者与自己的距离方位，如在江、河、湖中还要注意水流方向、水面宽度、水底性质等因素。救护者要遵循入水后尽快游近溺者进行施救的原则，因此要迅速选择合适的入水地点。

（2）入水。

入水指救护者在发现溺者后，由池边跳入水中准备赴救的过程。

（3）游近溺者。

游近溺者指救护者在入水后迅速靠拢和控制溺者做好拖带准备的过程，一般采用速度较快的抬头自由泳，亦可采用头不入水的蛙泳，以便观察溺者。当游到离溺者 2～3 米时，深吸一口气采用潜身技术从后面接近溺者，以保证自身体力和安全。一手托腋下，使其口鼻露出水面，一手夹胸做好拖带准备，并有效控制对方。

7.5.3 拖带方法

1. 侧泳拖带法

侧泳拖带法是指救生员侧卧水中，一手扶住溺者，一手在体侧划水，两腿做侧泳蹬剪水的动作前进。

2. 反蛙泳拖带法

反蛙泳拖带法是指救生员一手或两手扶住溺者，以反蛙泳腿的动作使身体前进。

7.5.4 上岸

救生员先用右手握住溺者的右臂，先将其右手放到岸边，随后用左手将溺者的右手压在岸边，再用右手将溺者的左手重叠其右手之上，用左手撑压住溺者的双手，同时用右手和两腿的力量支撑上岸，然后迅速用右手拉住溺者的右手腕使溺者做 180° 转身（溺者背靠池壁），再分别抓住溺者的左右手腕，将其向上预提一下，再放下（头不要没入水中），借溺者身体向上的浮力，将其提拉上岸。

7.5.5 急救与人工呼吸

1. 急救

溺者被救上岸后，如已昏迷、呼吸停止、心跳停止，则应立即进行急救。急救内容包括搬运、排除腹水、做心肺复苏术及转送医院进行抢救。

2. 人工呼吸

清除溺者口腔中的杂物后，救护者应将溺者腹部放在屈膝大腿之上，压其背部进行排水；或将溺者俯卧，两手从两侧插入溺者腹下，然后用力上提排水。排水后，即以 12～16 次/分钟的频率做口对口呼吸，同时进行闭胸心脏按压。其方法是两手掌相互重叠，放于溺者胸骨体下段剑突部，用力下压后将手放松，以 60～80 次/分钟的频率进行。

本章思考与练习题

1. 游泳的安全常识和卫生常识是什么？
2. 水上救生工作的意义是什么？

第八章
形体运动

▶ **本章学习提示**

1. 了解形体运动的健身方法。
2. 根据自己所需制定健身健美方法。

8.1 健美操

8.1.1 健美操概述

图 8 - 1　健美操

健美操是我国体育运动的一个新兴项目，是体操、舞蹈、音乐三者有机结合的产物。它体现了人体在力量、柔韧性、协调性、节奏感、审美及表现力等诸多方面的综合能力，如图 8 - 1 所示。从健美操运动总体任务和发展情况来看，健美操可分为竞技性健美操和健身性健美操及表演性健美操三大类。

1. 竞技性健美操

目前世界上对其较为公认的定义是"竞技性健美操是在音乐伴奏下，完成连续复杂和高强度动作的能力，该项目起源于传统的有氧健身舞"。竞技性健美操是根据竞赛规则与规程的要求组编的一套具有较高艺术性、以取得比赛的优异成绩为主要目的的健美操。竞技性健美操只进行自编动作的比赛，有特定的比赛规则和评分方法，需完成一定难度的动作，对人体的心肺功能、身体素质、技术技能和艺术表现能力有较高的要求，一般较适合于青年人。竞技性健美操比赛共设五个项目：男子单人、女子单人、混双、混合三人、混合六人健美操。

2. 健身性健美操

健身性健美操练习的主要目的是"锻炼身体、保持健康"。健身性健美操的动作简单，实用性强，音乐节奏也较慢，且为了保证一定的运动负荷和锻炼的全面性，动作多有重复，并均以对称的形式出现。健身性健美操的练习时间可长可短，练习的要求也可以根据个体情况而变化，严格遵循"健康、安全"的原则，防止运动损伤的出现，在保证安全的基础上，达到锻炼身体的目的。

健身性健美操按照练习形式，可分为徒手健美操、特殊场地健美操和器械健美操三类。徒手健美操以提高心肺功能，改善身体有氧代谢能力为主，包括传统意义上的一般健美操和为满足不同人群兴趣和需求的各种不同风格的健美操。例如目前正在国内外流行的搏击操，如图 8 - 2 所示，以及年轻人特别喜爱的街舞等。水中健美操，如图 8 - 3 所示，是目前国外非常流行的一种特殊场地健美操练习形式，它可以减轻运动中地面对膝关节的冲击力，有效减轻膝关节的负荷，并利用水的阻力提高练习效果，以及利用水传导热能快的原理，达到锻炼身体和减肥的目的，因此深受中老年人、康复病人和减肥者的喜爱。器械健美操是一种以力量练习为主的健美操，其主要练习目的是保持肌肉外形、增强肌肉力量和防止肌肉退化，从而延缓衰老，使人更强健。如踏板健美操加大了腿部的运动负荷，增加了运动量，但减轻了对下肢关节的冲击力，同时也使动作更加多样化。而哑铃操、健身球操等可锻炼到全身的每一个肌肉群，有效地提高肌肉力量，弥补了徒手健美操的不足。

 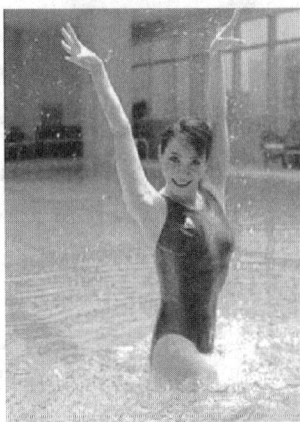

图 8-2　搏击操　　　　　　　图 8-3　水中健美操

3. 表演性健美操

表演性健美操主要是在表演中展示自己的价值和魅力，在观赏中陶冶情操、净化心灵，促进健美操活动的广泛开展，以满足人们展示和表现自我的需要，表演性健美操在特定的活动、场合或节日庆典中进行表演，是一种集观赏、娱乐为一体的体育节目。

8.1.2　健美操的基本步伐

健美操的基本步伐分为五大类。

1. 交替类步伐

交替类步伐是两脚始终做同一交替落地的动作，包括踏步、走步、一字步、V 字步、漫步、跑步，如图 8-4、图 8-5 所示。

扫一扫

练一练

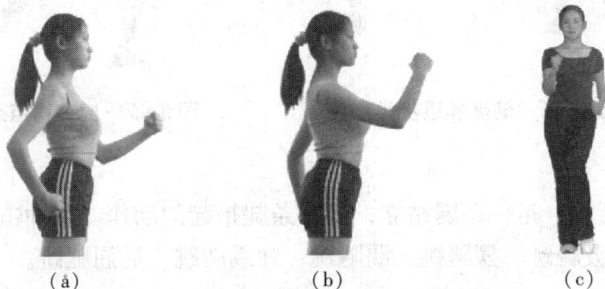

（a）　　　　　　　（b）　　　　　　　（c）

图 8-4　健美操交替类步伐 1

（a）　　　　　　（b）　　　　　　（c）　　　　　　（d）

图8-5　健美操交替类步伐2

根据动作对地面冲击力的大小，可分为低冲击步伐和高冲击步伐。其中，低冲击步伐有原地踏步、走步、一字步、V字步、漫步；高冲击步伐有原地高抬踏步、重心上下起伏较大弹性较强的交叉步、提膝跳（并配合上肢的动作加大负荷，特别是两臂做超过肩高的动作）、跑步。

2. 迈步类步伐

迈步类步伐如图8-6所示，一条腿先迈出一步，重心移到这条腿上，另一条腿用脚跟、脚尖点地或吸腿、屈腿、踢腿等，然后向另一个方向迈步。低冲击步伐有并步、迈步点地、吸腿、后屈腿、侧交叉步，高冲击步伐有并步跳、小马跳、迈步吸腿跳、迈步后屈腿跳、侧交叉步跳。

3. 点地类步伐

点地类步伐如图8-7所示，一条腿屈膝站立，另一条腿伸出，用脚尖或脚跟点地后还原到并腿位置的动作，如脚尖点地或脚跟点地。

扫一扫

练一练

（a）　　　　　　（b）

图8-6　健美操迈步类步伐　　　　　图8-7　健美操点地类步伐

4. 抬腿类步伐

抬腿类步伐如图8-8所示，是一条腿站立，另一条腿抬起的动作。低冲击步伐有吸腿、摆腿、踢腿，高冲击步伐有吸腿跳、摆腿跳、踢腿跳、弹踢腿跳、后屈腿跳。

5. 双腿类步伐

双腿类步伐如图8-9所示，是双腿站立、身体重心在两腿之间的动作。高冲击步伐有并腿跳、分腿跳、开合跳，无冲击力的步伐有半蹲、弓步、提踵。

（a）　　　　　（b）　　　　　（a）　　　　　（b）

图 8 - 8　健美操抬腿类步伐　　　**图 8 - 9　健美操双腿类步伐**

8.1.3　成套教学

青春魅力健身操

1. 第一节

1×8 拍如图 8 - 10 所示，2×8 拍如图 8 - 11 所示。

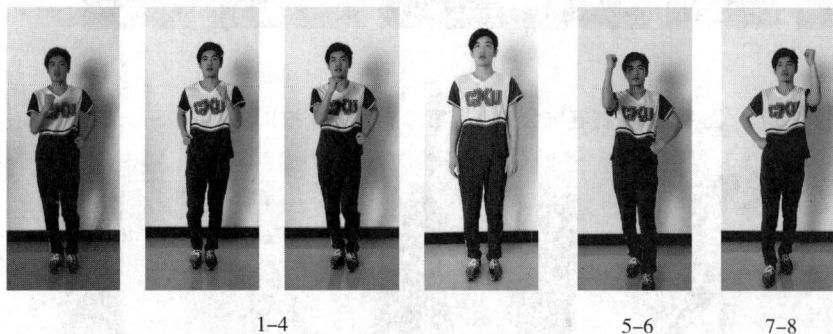

扫一扫

练一练

1-4　　　　　　　5-6　　7-8

图 8 - 10　青春魅力健身操第一节（1×8 拍）

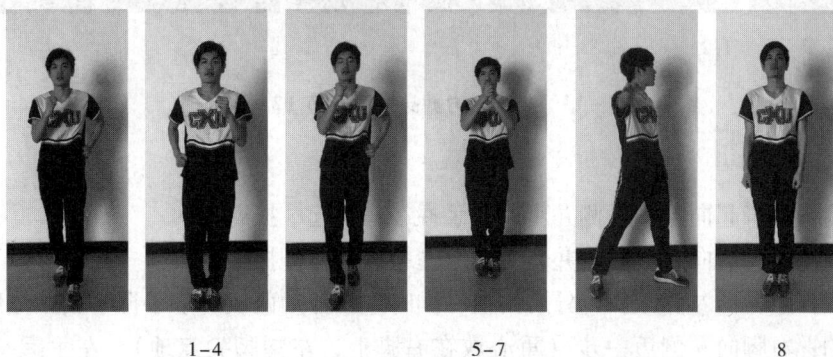

1-4　　　　　　5-7　　　　　　8

图 8 - 11　青春魅力健身操第一节（2×8 拍）

（1）1×8 拍。

1 - 4 拍：原地踏步，双手自然摆动。

5 - 6 拍：左脚向前点地，双手握拳，右手前屈，振臂一次。

7 - 8 拍：右脚向前点地，双手握拳，左手前屈，振臂一次。

（2）2×8拍。

1—4拍：左起"一"字步，双手自然摆动。

5—6拍：脚下弹动两次，双手击掌两次。

7拍：左脚向左侧跨一步呈侧弓步，上体转向左侧，双手并掌侧平举。

8拍：还原。

（3）3×8拍、4×8拍与1×8拍、2×8拍动作相同，方向相反。

2. 第二节

1×8拍如图8—12所示；2×8拍如图8—13所示。

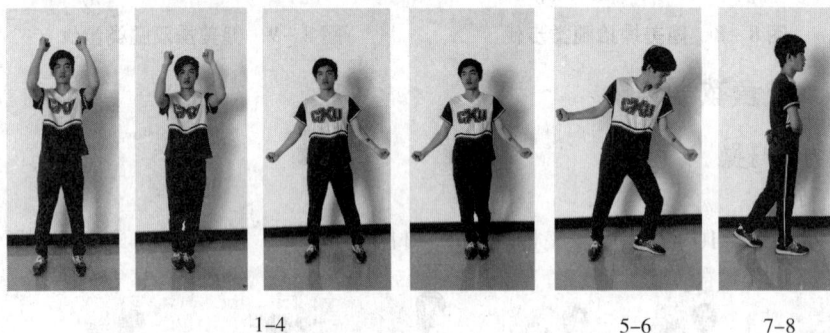

图8—12　青春魅力健身操第二节（1×8拍）

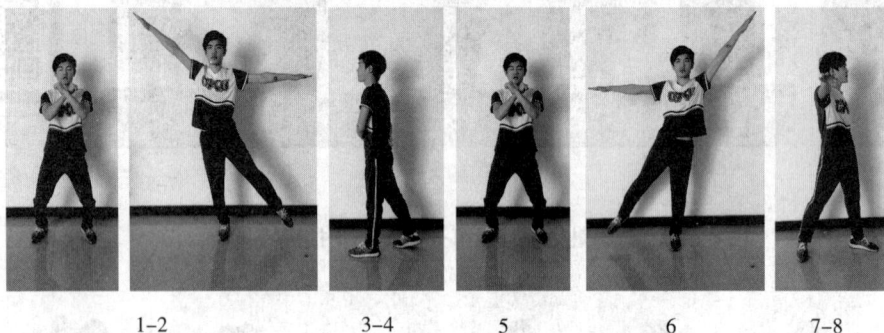

图8—13　青春魅力健身操第二节（2×8拍）

（1）1×8拍。

1—2拍：左脚起向左侧做侧并步，双手握拳，抬起，振臂两次。

3—4拍：右脚起向右侧做侧并步，双手握拳，在体侧振臂两次。

5—6拍：上身向左侧倾斜，耸肩两次，同时左脚弹动两次，双手握拳放在体侧。

7—8拍：右脚向左侧迈一步（重心放在右脚上，左脚脚尖点地），左手握拳放在肚子前，右手握拳举在腰后。

（2）2×8拍。

1拍：右脚向右侧迈一步，呈马步，双手交叉握拳放在胸前。

2拍：右脚为支撑脚，起跳，左腿抬起，右手向斜上伸展，左手举起抬平放在体侧。

3拍：左脚向右侧迈一步，左手握拳放肚子前，右手握拳放在腰后，右脚抬起。

4 拍：右脚落地。

5 拍：左脚向左侧迈一步，呈马步，双手交叉握拳放在胸前。

6 拍：左脚为支撑脚，起跳，右腿抬起，左手向斜上伸展，右手举起抬平放在体侧。

7 拍：右脚向左侧迈一步，右手握拳放肚子前，左手握拳放在腰后，左脚抬起。

8 拍：左脚落地。

（3）3×8 拍、4×8 拍与 1×8 拍、2×8 拍动作相同，方向相反。

3. 第三节

1×8 拍如图 8－14 所示；2×8 拍如图 8－15 所示。

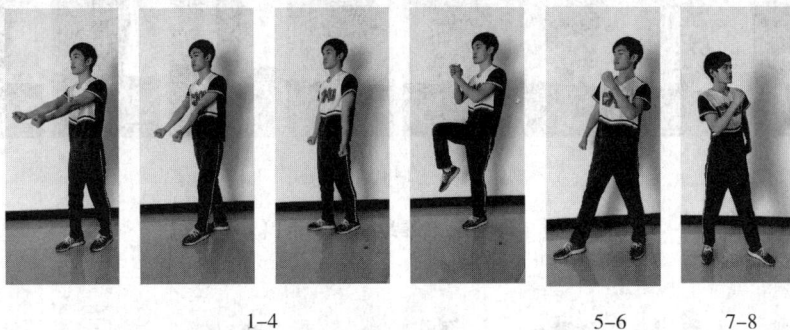

1－4   5－6   7－8

图 8－14　青春魅力健身操第三节（1×8 拍）

1－8

图 8－15　青春魅力健身操第三节（2×8 拍）

（1）1×8 拍。

1－3 拍：左脚起向后退三步，双手握拳，双臂向前画圈，收于腰际。

4 拍：右腿提膝；双手胸前击掌。

5－6 拍：右腿起向右前方做并步跳，左手握拳放胸前，右手握拳放在体侧。

7－8 拍：左腿起向左前方做并步跳，右手握拳放胸前，左手握拳放在体侧。

（2）2×8 拍。

1 拍：右手握拳向右上方伸展，左手放在身体斜后方，双腿呈向右的侧弓步。

2 拍：右手收回放在胸前，左腿提膝。

3 拍：左手握拳向左上方伸展，右手放在身体斜后方，双腿呈向左的侧弓步。

4 拍：左手收回放在胸前，右腿提膝。

5 拍：右手收回放在脑后，双腿站直。

6 拍：左手收回放在脑后。

7 拍：双手呈并掌侧平举，双腿呈马步。

8 拍：还原。

（3）3×8 拍、4×8 拍与 1×8 拍、2×8 拍动作相同，方向相反。

4. 第四节

1×8 拍如图 8－16 所示；2×8 拍如图 8－17 所示。

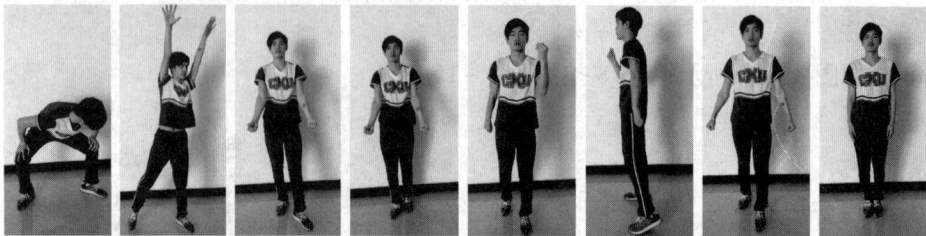

1－8

图 8－16　青春魅力健身操第四节（1×8 拍）

1－8

图 8－17　青春魅力健身操第四节（2×8 拍）

（1）1×8 拍。

1 拍：双手开掌放在膝盖上，腿呈马步，低头，眼睛看向左侧地面。

2 拍：双手开掌向上伸展，重心放在左腿上，右脚脚尖点地。

3－4 拍：右脚起向后退两步，双手握拳向下收于腰际。

5 拍：右脚向后退一步，左手在体前打一次响指，右手放在身体后面。

6 拍：身体向右侧转身 180 度，左手放下，右手提起在体前打一次响指。

7 拍：身体转回双手握拳放在体侧，左脚在前。

8 拍：右脚收回。

（2）2×8 拍。

1 拍：右手向左前方冲拳，左手握拳收在腰际，双腿呈侧弓步。

2 拍：收回，双手握拳收在腰际，身体转回。

3 拍：左手向右前方冲拳，右手握拳收在腰际，双腿呈侧弓步。

4 拍：收回，双手握拳收在腰际，身体转回。

5 拍：右手呈立掌向左前方伸展，左手不动，左脚放在右脚左前方一步远，重心放在右腿上，两腿伸直。

6 拍：双手呈立掌向前方伸展。

7拍：蹲下，双手握拳收在腰际，低头。

8拍：身体直立，双手向上冲拳。

（3）3×8拍、4×8拍与1×8拍、2×8拍动作相同，方向相反。

5. 第五节

1×8拍如图8－18所示；2×8拍如图8－19所示。

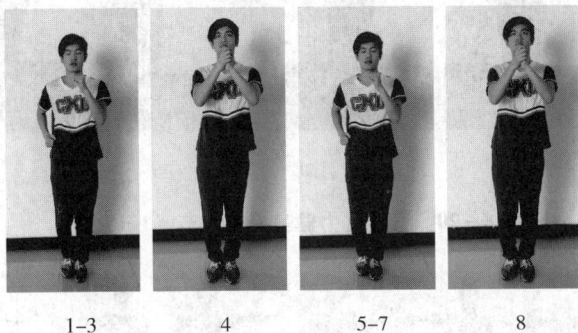

图8－18　青春魅力健身操第五节（1×8拍）

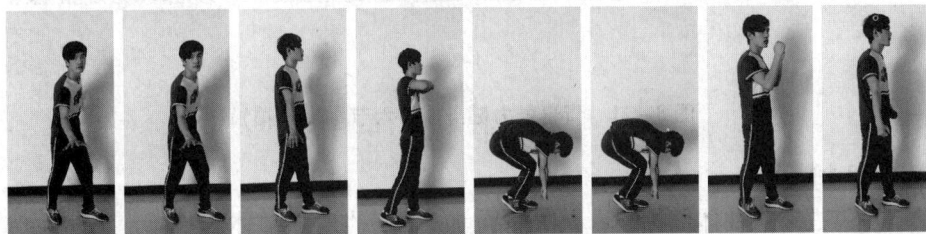

图8－19　青春魅力健身操第五节（2×8拍）

（1）1×8拍。

1－3拍：左脚起正常踏步。

4拍：击掌一次。

5－7拍：正常踏步。

8拍：击掌一次。

（2）2×8拍。

1－2拍：双腿呈左侧侧弓步，双手一前一后打开。

3－4拍：提肩向后，两腿伸直，重心放在右腿上。

5－6拍：双手握拳向下冲，右脚靠在左脚旁，脚尖着地。

7－8拍：站起，双手握拳弯曲放在体侧，眼睛向前看。

（3）3×8拍、4×8拍与1×8拍、2×8拍动作相同，方向相反。

6. 第六节

1×8拍如图8-20所示；2×8拍如图8-21所示。

1-4

图8-20 青春魅力健身操第六节（1×8拍）

1-8

图8-21 青春魅力健身操第六节（2×8拍）

（1）1×8拍。

1拍：左臂握拳弯曲体侧抬起，拳眼向胸前，右臂直臂握拳体侧抬起；头向左转，右膝向左靠。

2拍：与1拍动作相同、方向相反。

3拍：双手握拳，向上伸展，右膝向左靠。

4拍：双手经身体向下伸展，左膝向右靠。

5-8拍：动作与1-4拍相同。

（2）2×8拍。

1拍：左手呈立掌在体侧抬起，右手放在腰后，左脚向左迈一步。

2拍：右脚向左迈一步，呈交叉步，左脚在前。

3拍：左脚再向左迈一步，上体不动。

4拍：双手在脸左侧击掌，右脚做后踢腿。

5拍：右脚落下，右手呈立掌在体侧抬起，左手放在腰后。

6拍：上体不动，以右脚为轴从右侧转身180°。

7拍：以左脚为轴转身180°。

8拍：双手在脸右侧击掌，左脚并到右脚。

（3）3×8拍、4×8拍与1×8拍、2×8拍动作相同，方向相反。

7. 第七节

（1）1×8 拍，如图 8 - 22 所示。左脚起做后踢腿跑，击掌。双数拍双臂打开，抬平，弯曲向上握拳。

1-8

图 8 - 22　青春魅力健身操第七节（1×8 拍）

（2）2×8 拍，如图 8 - 23 所示。

1-8

图 8 - 23　青春魅力健身操第七节（2×8 拍）

1 - 2 拍：双手放在背后，左手握住右手手腕，右腿做后踢腿，眼睛看左下方。

3 - 4 拍：手臂动作不变，左腿做后踢腿，眼睛看右下方。

5 - 6 拍：腿部动作交换，左手握拳在体侧抬起 45°，右手弯曲抬起放在脸前。

7 - 8 拍：动作与 5 - 6 拍动作相同，方向相反。

（3）3×8 拍，如图 8 - 24 所示。

1 - 2 拍：双手放在背后，右腿前踢（30°即可）。

3 - 4 拍：手臂动作不变，腿部动作交换。

5 - 7 拍：手臂动作不变，右腿起做钟摆，一拍换一次腿（30°即可）。

8 拍：还原。

1-4　　　　　　5-8

图 8 - 24　青春魅力健身操第七节（3×8 拍）

（4）4×8拍同3×8拍。

8. 第八节

1×8拍如图8-25所示；2×8拍如图8-26所示。

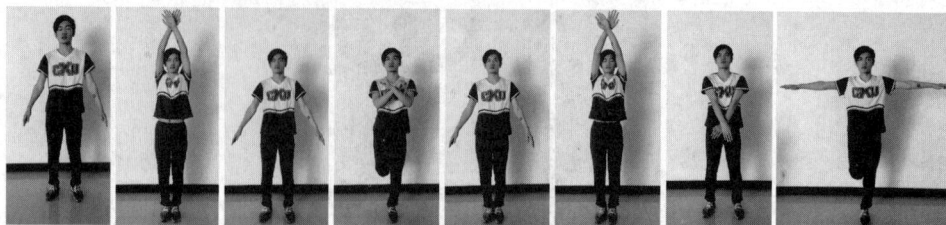

1-8

图8-25 青春魅力健身操第八节（1×8拍）

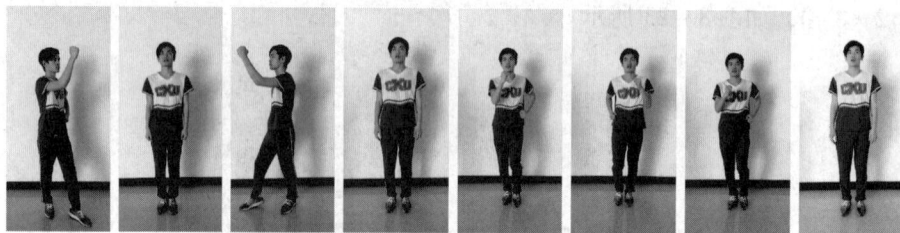

1-8

图8-26 青春魅力健身操第八节（2×8拍）

（1）1×8拍。

1-3拍：双手呈并掌，经体前、头上、体侧做直臂向外绕环，向左侧做并步跳。

4拍：双手握拳交叉放在胸前，右腿后提膝盖与左腿平行，眼睛向左下方看。

5-7拍：双手呈并掌，经体侧、头上、体前做直臂向内绕环，向右侧做并步跳。

8拍：两臂端平，双手呈并掌、右腿后踢膝盖与左腿平行，眼睛向前方看。

（2）2×8拍。

1拍：右手握拳向左前方打，同时左脚向左前方探出，目视左前方。

2拍：还原。

3拍：左手握拳向右前方打，同时右脚向右前方探出，目视右前方。

4拍：还原。

5-7拍：左脚起原地踏步，双臂自然摆动。

8拍：还原。

（3）3×8拍、4×8拍与1×8拍、2×8拍动作相同，方向相反。

8.1.4 健美操运动损伤及其预防

1. 健美操运动损伤

健美操运动损伤是指健身者在进行健美操练习中所发生的各种损伤。在健美操的练习中，损伤的发生往往与运动训练安排不当、技术动作错误、运动训练水平较低、运动环境不适，以及自身所存在的某些生理解剖弱点等息息相关。

2. 健美操运动损伤的原因

健美操对人体的力量、柔韧性、耐力和协调性等身体素质要求较高，其运动损伤的原因有以下几点：

（1）练习活动结构内容衔接不流畅。

练习活动结构内容衔接不流畅包括准备活动不充分，在神经系统及其他器官的功能尚未达到适宜水平时就进入运动状态；运动量过大，持续练习时间过长，超过身体的负荷能力；背面与镜面示范所造成的理解错误；练习方法不正确，没有针对性的力量练习，造成个体损伤。

（2）身体素质跟不上动作技术的要求，如肌肉力量和肌肉弹性不足。

（3）缺乏必要的运动知识，参加运动时生理和心理状态不良。

（4）场地、器材、保护用具、服装、鞋等不符合常规要求。

3. 常见的不适宜动作

（1）头部和颈部。

应有控制地做左右或上下运动，避免快速或猛烈的动作。负重或极度侧屈会对颈椎过度压迫。双手交叉在头后用力牵拉头部前屈，来伸展背部和颈部。

（2）肩部。

手臂伸展、迅速摆动会使肩关节受压。例如手臂动作在同一方向多次重复（一般为50次以上），尤其是过头顶向前或向侧的不安全动作。

（3）躯干。

仰卧抬起上体，腰背离开地面，采取这种姿势支撑上体重量会使脊柱和腰部承受很大的压力。仰卧双腿举起，时间过长会压迫腰部而导致腰背痛。也应避免如剪刀腿和抖动踢腿的动作。双脚定位快速转动上体，这样的动作能使腰部受到过度的旋转力。

（4）膝部。

膝盖深度弯曲和其他极度屈膝姿势，会使膝关节受到很大的压力。应从窄蹲改为宽蹲，脚尖由向前改为向外，膝盖要顺着脚尖的方向蹲。下蹲的动作不要太快，上身过分前倾或重新站起之前放松了身体，都会对膝盖和腰造成不好的影响。

（5）小腿和踝关节。

连续踢腿超过32次，或用单腿方式做原地跑步姿势都会对小腿和踝关节产生不良影响。

4. 健美操运动损伤的预防方法

（1）加强身体的全面训练，提高对运动的适应能力。

（2）提高教练员的知识水平，积极开展预防健美操运动损伤的宣传工作。

（3）合理安排一节课的运动负荷，合理安排练习的内容。

（4）加强医务监督，建立和健全自我监督意识，使健美操爱好者学会运动损伤的治疗方法和预防措施，学会自我保护。

（5）改善场地设备条件及周围环境，调整健身者的心理状态。

8.2　瑜伽

8.2.1　瑜伽概述

瑜伽（yoga）是东方古老的强身术之一，起源于印度，距今有五千多年的历史，被人们称为"世界的瑰宝"，目前在全世界流行。瑜伽一词源于梵文音译，有结合、联系之意，这也是瑜伽的宗旨和目的，有为达到冥想而集中意识之义。很久以前，在印度北部的喜马拉雅山麓地带，古印度瑜伽修行者在大自然中修炼身心时，无意中发现各种动物与植物天生具有自我治疗、放松、睡眠或保持清醒的方法，患病时能不经任何治疗而自然痊愈。于是古印度瑜伽修行者根据对动物的姿势的观察、模仿并亲自体验，创立出一系列有益于身心的锻炼方法，也就是瑜伽体位法。瑜伽历经五千多年的锤炼，其蕴藏的治愈法，让世世代代的人从中获益。

8.2.2 练习瑜伽的要求

练习瑜伽最好能在干净、舒适的房间里，有足够的伸展身体的空间，房间内空气清新，最好摆上绿色植物或鲜花，也可播放轻柔的音乐来帮助松弛神经。练习时应穿着宽松柔软的衣服，以棉麻质地者为佳，必须保证透气和练习时肌体不受拘束。袜子最好脱掉，手表、眼镜、腰带以及其他饰物都应除下。练习时以使用专业的瑜伽垫为好，当地面太硬或不平坦的时候，瑜伽垫能发挥缓冲作用，使身体保持平衡。

沐浴前后20分钟内不要练习瑜伽，饭后3小时之内不宜练习瑜伽。在练习前1小时左右，可以进食少量的流质食物或饮料，比如牛奶、酸奶、蜂蜜、果汁等。练习时，喝一点清水可以帮助排出体内毒素。瑜伽练习结束1小时后进食最好。另外，练习瑜伽后饭量减少，排气、排便增加属于正常现象。

8.2.3 基本体位

1. 坐姿

莲花坐，如图8-27所示。

步骤如下：

① 坐下，双手抓左脚，把它放在右大腿上面，脚心朝上，脚跟放在肚脐区域下方。

② 双手抓起右脚，扳至左小腿上方，放在左大腿之上，脚底朝上。

③ 脊柱伸直，两膝尽量贴在地面上，长久地保持。交换双腿位置，重复做。

如果不习惯打坐，这个姿势做起来会有点难，可以先放上一只脚，做半莲花姿势，如图8-28所示，或是盘腿姿势，如图8-29所示。当习惯之后，就可以开始练莲花坐了。每次做完之后，按摩两膝和两踝。

图8-27 莲花坐　　图8-28 半莲花姿势　　图8-29 盘腿姿势

2. 瑜伽基本姿势

（1）牛嘴式（牛面式）。

① 预备姿势：双膝跪地，两腿脚踝和脚趾贴着地面，两脚尖靠拢，脚跟向上分开，如图 8-30 所示。

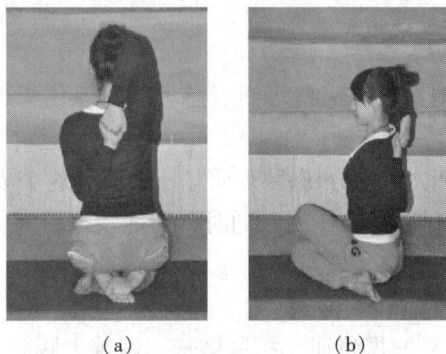

扫一扫

练一练

（a）　　　　　　（b）

图 8-30　牛嘴式

② 练习步骤如下：

• 慢慢将左手放在背部，左肘弯曲，左手背沿着背部向颈部上伸，将手背紧紧贴着脊柱，左手指朝上。

• 自右肘部弯曲右臂，向上抬起右肘，右手掌放在右肩上。用右手指触到左手指，把两手伸到最大限度，并且停留在这个位置上。

• 两手扣合之后，努力使左肘向上抬起。脊柱要保持正直、稳固，目视前方，正常呼吸。保持这一双手扣合的姿势 10 秒钟。双手不能扣合者，应该尽量把手伸到最大限度，并保持这个姿势 5 秒钟。

• 保持上述姿势 10 秒钟后，放松紧扣的手指，慢慢松开双手扣合的状态。然后慢慢把两手放在大腿上，稍事休息。双手交替再练习几遍。

③ 练习周期：第一周每天练习 4 遍。从第二周起，每日可以练习 6 遍。每一遍都要交替双手进行练习。

④ 益处：作为一个单独的练习，牛嘴式对身体的很多大小关节都有疗效。它非常有效地活动了指关节、肘关节、肩关节、脚趾、踝关节、膝盖以及臀部。同时，与各关节相关联的肌肉、神经也会自然而然地随之强健、活化并恢复正常。

（2）反弓式（弓式）。

图 8-31　反弓式（弓式）

① 预备姿势：腹部贴地平趴，双臂在身体两侧伸直。一侧面颊贴地，两腿和脚踝并拢。正常呼吸。自膝盖处弯曲两腿，脚跟接近臀部。左右两手分别抓住同侧脚踝。如果两手难以碰到脚踝，可改为抓住脚趾。然后牢牢抓住脚踝或是脚趾，两个膝盖和脚踝互相靠拢，如图 8-31 所示。

② 练习步骤如下：

• 缓慢而深长地吸气，屏住呼吸，头部抬起并伸直。

● 向后拉动双腿，使胸部、颈部和头部向上保持抬起。目视天空，膝盖可以分开。如果可能的话，踝骨可以并拢。屏住呼吸保持上述姿势10秒钟。

● 呼气，与此同时，头和胸部向地面放下，用一侧面颊贴地。放开脚踝，使其慢慢地还原到地面。至此，完成了一遍。

休息10秒钟后重复一遍这个姿势。

③ 练习周期：每天只做3~9遍。如果有些练习者感到同时抓住脚踝非常困难，建议最初的数日只抓住一个脚踝进行练习。

④ 益处：反弓式可以活动（刺激）内分泌系统所有分泌腺。这个姿势对于胰腺、肾上腺、甲状旁腺、脑下垂体及性腺都有很好的作用。同时，还能治疗胃病，增强消化功能，并且有减肥的作用。

（3）吉祥骆驼式。

美胸的重点是以"扩胸姿势"来伸展背肌，扩展胸部，锻炼大胸肌。

① 步骤如下：

● 跪在地上，两大腿与双脚略分开，脚趾向后方指。

● 吸气，按左右手先后抓住脚跟，尽量挺胸。呼气的同时，上体重心移至两臂，头部尽量后弯，眼仰视后方。当仰到最大限度时，把气全部呼出，腰部最大限度地向后弯。

● 保持30秒钟后，头还原，休息5秒钟左右。以上动作重复三次，如图8-32所示。

(a)　　　　　　　　(b)

图8-32　吉祥骆驼式

② 要点：初练习者，可脚趾着地，以后再脚背着地。

③ 益处：大大伸展腿、腹、颈等各部肌肉，刺激脊柱和脊柱神经，促进血液循环，调整和按摩腰、腹部各内脏器官，因而能帮助消除大腿脂肪，有效地促进大胸肌、乳房的发达和丰满，防止乳房下垂，治疗乳腺增生；矫正不良体态，治驼背，美化下巴线条；促进内脏功能；消除头痛、肩酸、失眠等症状。

（4）桥式。

① 练习步骤如下：

● 仰卧。

● 双手扶地，双脚收至臀部。

- 吸气保持头、手、脚、贴地，同时挺起上身躯干。稳定地呼吸 10 秒至 1 分钟。
- 呼气，还原身体呈仰卧姿势，休息。

桥式如图 8-33 所示。

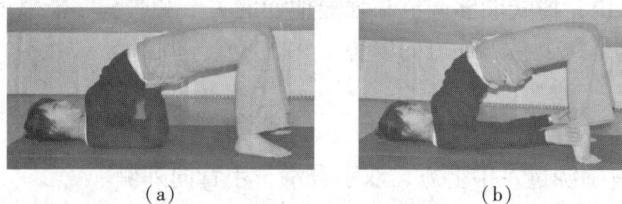

（a） （b）

图 8-33 桥式

扫一扫

练一练

② 益处：补养和增强背部肌肉群，滋养内脏，帮助放松大脑，释放压力；促进血液循环，使疲劳的双腿恢复活力，同时塑造美丽的臀部。这个动作还能缓解更年期症状。如果女性伴有痛经，做这个动作还可以缓解经期不适症；对高血压、哮喘、骨质疏松症等都有治疗效果。

（5）树式。

① 预备姿势：站立在地上，眼睛平视前方。双手在身体两侧自然垂放。身体保持正直，站稳，正常呼吸。此为预备姿势。

② 练习步骤：

- 单腿站立。如果单腿站立有困难，可靠着墙壁或者柱子练习。
- 左腿站立，右腿自膝盖处弯曲，把右腿抬至左侧大腿上，右脚稍许扭转，用脚后跟外侧压紧左大腿的上部。左腿和整个身体要绷紧、伸直。
- 双手从身体两侧向头部抬起。当两手抬到头部上方，双手合十，手掌放在头上，手腕贴着头顶。
- 目视前方，站立的左腿绷紧，全身处于紧张状态，正常呼吸。保持这一姿势 10 秒钟。这个动作就是树式，如图 8-34 所示。
- 保持这个姿势达到预定的时间，放开手掌，抓住右腿脚趾，把脚轻轻抬起放回地面。稍事休息，做两次正常呼吸。
- 休息数秒钟后，两腿交替重复练习几遍这个姿势。

③ 练习周期：第一周每天练习 4 遍。从第二周起，每天练习 6 遍。两腿交替练习，每天最多不得超过 6 遍。

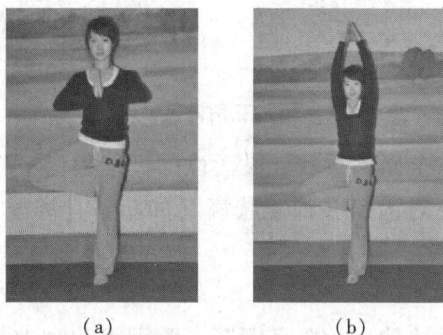

（a） （b）

图 8-34 树式

扫一扫

练一练

④ 益处：树式可以活动身体各部位关节。只练习这套姿势，就可使身体所有的关节得到活动。它能够锻炼脚踝、脚趾、膝盖、髋关节、肩关节、肘臂、双手和手指的肌肉。这种活动有助于改善关节、肌腱的状况，促使关节部位的血液循环恢复正常，从而使人体关节日渐强化。对于一般练习者来说，树式能够调节和强健他们的关节和骨髓，能够增强双腿和双脚的柔韧性，扩大胸围。这是一个易于练习的姿势。

（6）鹰式。

① 练习步骤：

- 站立，左手伸出，右手绕过左手上方，双手合掌，手背向外侧。
- 屈左腿，抬起右脚，由左膝绕至脚踝。
- 尽量保持身体的稳定。
- 吸气，还原，交换来做。

鹰式如图 8-35 所示。

② 益处：平衡身心，纤细手腕和脚踝，防治肌肉疲劳和手脚麻痹。

③ 注意事项：对体态较胖，尤其是肩宽背厚的人来说这个姿势很难，要持之以恒，才能有所收效。

图 8-35　鹰式

（7）三角伸展式。

① 练习步骤：

- 身体站立，两脚分开，略比肩宽，脚尖应微微朝外。
- 两臂侧平举，与地面平行。
- 呼气，慢慢向右侧弯腰，在弯腰过程中要保持两臂与躯干呈 90°

角，两臂应继续形成一条直线，尽量向侧边弯曲，然后保持这个姿势 15 秒钟以上，自然地呼吸。

- 如果身体非常柔软，可以达到右手碰触右脚踝或右脚，双臂垂直于地面的程度。
- 吸气，慢慢回到正中。然后在左边做同样的步骤。左右每边各做 5 次这个练习。

三角伸展式如图 8-36 所示。

扫一扫

练一练

（a）

（b）

图 8-36　三角伸展式

② 益处：这个姿势是增加身体全面的柔软、灵活性的极佳姿势。除了能帮助消除腰围区域赘肉和壮健腿部肌肉之外，还对治疗多种皮肤病（如疖子、疹子、痤疮等）有好处，还能使人的面色增添一种健康的神采。

（8）犁式。

① 预备姿势：平躺在地面，身体伸直，全身绷紧，两脚跟和脚尖并拢。手掌朝下，靠

近身体两侧。头部和颈部伸直。这一姿势和仰卧式预备姿势相同。

②练习步骤：

● 双腿伸直绷紧，脚尖绷直，指向与头部相反的方向。开始吸气，同时两腿向上抬起，一直抬到和身体垂直的位置。吸气与抬腿要同时进行。双手掌保持原位，贴着地面。

● 当腿抬到垂直位置的时候，开始呼气，同时双腿向头部下放，努力使脚趾触及头部前方所能及的地面。接触点的距离尽量向前，停留在你所能及的位置上。保持正常的呼吸，直到动作做完。

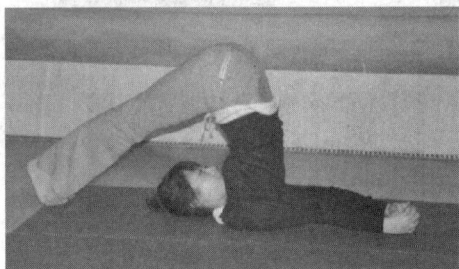

图8-37　犁式

犁式如图8-37所示。

● 第二段姿势保持大约10秒钟后，再把两腿还原放回地面。在整个还原动作中，腿和脚趾均要始终绷紧。当脚跟触及地面时，放松6～10秒钟，然后按照上述相同的方法，再练习几遍这个姿势。

③益处：练习这个姿势，有助于脊髓功能恢复正常，缓解疼痛症状。犁式对治疗体重超重有着异常的效果。它可以使人体减肥而不至于体质衰弱。练习犁式可以缩小腰围，强壮消化系统，去掉人体多余脂肪，活跃神经系统，并促使人体比例匀称。注意事项：在练习第二个动作的过程中，腿始终要绷紧，两腿不得自膝盖弯曲；脚趾伸直，指向或触及地面；手掌贴地，手与两臂伸直，同时要保持平稳。

（9）拜日十二式。

拜日十二式，即是向太阳致敬的十二个姿势。拜日式是一个很有效的热身运动，世界各地的瑜伽爱好者都喜欢把拜日式当成瑜伽练习的热身操来做。在呼吸的配合下，这十二个简单的动作能够舒展肢体，活化脊椎，促进周身血液循环，使头部供血、供氧充足，增强记忆力，而且十二个动作都分别对身体的某个系统有益处，把它们连贯起来就能把全身的各个系统调动起来。如果清晨起床后就做拜日十二式6遍，能提高人体一天的代谢水平。

刚开始练习时，可放慢动作，一个一个地做，待熟练以后，再把这十二个动作配合上呼吸，一气呵成地做下来。拜日十二式具体动作如下：

①双脚并拢直立，双手高举过头顶，大拇指相扣，深呼吸两次，如图8-38、图8-39所示。

②吸气，上身缓缓地向后仰，髋部朝前挺，收紧臀部，同时双臂向后伸直，如图8-40所示。

③吐气，身体慢慢向前弯，双手于脚两侧贴地（如果手贴不到地，可以将双手贴于腿前侧），放松颈部，垂头，尽量让额头前侧，如图8-41所示。

④吸气，左腿曲，呈前弓步，右腿向后伸直，小腿触地，头部和上身向后仰，如图8-42所示。

图 8 - 38　拜日十二式 1 - 1

图 8 - 39　拜日十二式 1 - 2

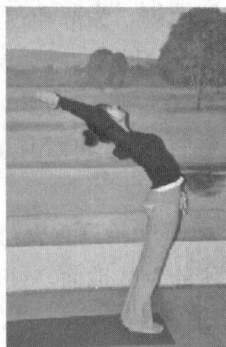

图 8 - 40　拜日十二式 2

扫一扫

练一练

图 8 - 41　拜日十二式 3

图 8 - 42　拜日十二式 4

⑤ 双手撑地，左腿绷直，右腿向后伸向左腿并拢，屏住呼吸，收紧腹肌、臀肌，挺直脊柱，如图 8 - 43 所示。

⑥ 吐气，屈肘，胸、下巴、膝盖同时着地，臀部微微翘起，如图 8 - 44 所示。

图 8 - 43　拜日十二式 5

图 8 - 44　拜日十二式 6

⑦ 吸气，双手于胸两侧撑起上半身，并向后仰头，拱起胸部，如图 8 - 45 所示。

⑧ 吐气，前脚掌踩地，臀部把身体带起来。放松头、颈部，向后压肩、背。同时脚跟尽量踩地（如果踩不到也没关系），拉伸双腿后侧，身体从侧面看呈三角形，如图 8 - 46 所示。

图 8 - 45　拜日十二式 7

图 8 - 46　拜日十二式 8

⑨ 吸气，右腿向前屈，呈前弓步，左腿向后伸直，小腿触地，头部和上身后仰，如图8－47所示。

⑩ 吐气，双腿伸直立起，右腿向前，同左腿并拢，上身慢慢前弯，放松颈部，垂头，让额头尽量贴腿前侧，如图8－48所示。

图8－47 拜日十二式9

图8－48 拜日十二式10

⑪ 吸气，上身慢慢抬起，双脚并拢，再向后仰，手臂也向后伸直，如图8－49所示。

⑫ 吐气，身体慢慢还原直立，回到开始姿势，如图8－50所示。

图8－49 拜日十二式11

a

b

图8－50 拜日十二式12

8.3 健身与健美

8.3.1 健身与健美的概念

健身是一项通过徒手或利用各种器械，运用专门的动作方式和方法进行锻炼，以发达肌肉、增长体力、改善形体和陶冶情操为目的的运动项目。

健美指人的健康强壮的身体所显现出的审美属性，是人们追求人体美的一个综合标准，指肌肉、骨骼、血液、肤色充满着生命的活力，无论其外部形式或内部结构都是匀称、协调、充满生机的。

健美是与人的形体美密切相连的，健美是形体美的基础。人体有对称的造型、均衡的比例、流畅的线条、坚强的骨骼、匀称的四肢、丰满的躯体、富有弹性的肌肉、健康的肤色，这是形体美不可缺少的条件。健美还要求具有充沛的精神、愉快的情绪、青春的活力。

8.3.2 健美的种类

1. 职业健美

现在健美界中"职业"一词，一般是指健美运动员在有晋升资格的业余比赛中获胜并取得国际健美联合会（International Federation of Bodybuilding and Fitness，简称 IFBB）的职业认证。职业运动员则有资格参加一些更高级别的比赛，包括"阿诺德经典"（Arnold Classic）健美大赛及"冠军之夜"（Night of Champions）比赛，并根据这些比赛的名次决定"奥林匹亚先生"大赛的参赛权。"奥林匹亚先生"是职业健美领域最高头衔。

2. 青少年健美

健美运动中还有很多门类专门针对年轻参赛者。现在的很多职业选手都是从青少年时期就开始力量训练，例如阿诺德·施瓦辛格。

3. 女子健美

20 世纪 70 年代，女性开始参加健美比赛，并风靡了一段时间。女性开始前所未有地加强力量锻炼以求更好的身材，防止骨质疏松。然而许多女性仍然害怕力量训练会使她们身体膨胀，她们仍认为力量训练只是针对男性。不过力量训练实际上对女性有很多好处，譬如增加骨密度，预防骨质疏松，提高肌肉力度和身体平衡性。最近几年，健身和形体比赛开始兴起。这些比赛并不像健美比赛那样对肌肉的发达水平有严格的要求，为女性提供了另一种选择。1980 年首届"奥林匹亚小姐"大赛比较像今天的健身形体比赛，当年的获胜者是蕾秋·麦莉什。

8.3.3　健美的原则与方法

1. 人体的主要肌肉

（1）肱二头肌，如图 8 - 51 所示。

上臂前面凸起的就是肱二头肌。

（2）肱三头肌，如图 8 - 52 所示。

上臂后面凸起的就是肱三头肌。练好肱三头肌能使你的手臂肌肉线条清晰。

图 8 - 51　肱二头肌

图 8 - 52　肱三头肌

（3）三角肌，如图 8 - 53 所示。

肩膀上的肌肉就是三角肌，分为前束、中束、后束。

（4）腹肌，如图 8 - 54 所示。

图 8 – 53　三角肌

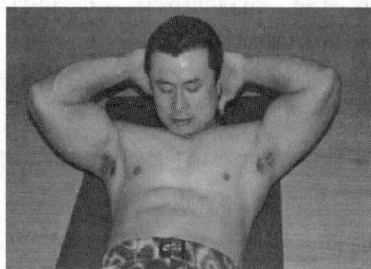

图 8 – 54　腹肌

（5）小腿肌，如图 8 – 55 所示。

小腿肌的健美标准是练成如菱形的"钻石"。

（6）胸大肌，如图 8 – 56 所示。

胸大肌是人体比较大的几块肌肉之一，相对来说较好练。

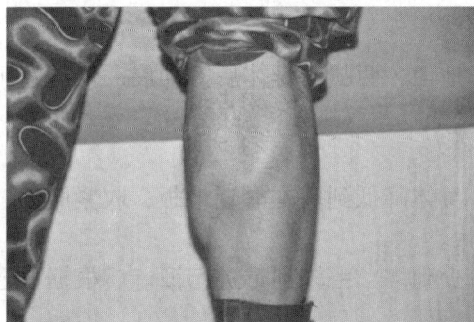

图 8 – 55　小腿肌

图 8 – 56　胸大肌

（7）背阔肌。

有了发达的背阔肌后，人的躯干呈现出"V"字形，像一把打开的扇子，如图 8 – 57 所示。

图 8 – 57　练成背阔肌后的效果图

2. 健美的原则

（1）多年系统性原则。

多年系统性原则是指持续地、循序渐进地组织健美运动训练过程的原则。此原则的确立与运动训练过程的连续性和阶段性的基本特征密切相关，一方面指出健美训练必须循序渐进，而不是通过突变式增加运动负荷就能取得理想的训练效果；另一方面也指出健美运动只有经过长时期、持续的训练，才有可能取得理想的效果。

（2）周期性原则。

周期性原则是指周期性地组织健美运动训练过程的原则。根据健美运动生物节律、竞技状态形成与发展的周期性规律，以及运动竞赛安排的周期性特点，应按一定的动态节律，循环往复，逐渐安排专项训练内容和负荷的量与强度。

（3）适时恢复原则。

适时恢复原则是指适时消除健美训练中所产生的疲劳，并通过生物适应过程产生能量，恢复、提高机体能力的原则。在健美训练中由于训练负荷的刺激，机体必然会产生疲劳，为了更好地训练，必须采取适时恢复手段以消除疲劳。

（4）有效控制原则。

在健美训练中为了保证按照训练计划所设计的方案正常运作，并确保训练目标的实现，必须准确掌握和控制运动训练的各种因素，如负荷的量和强度，训练内容、手段、方法等，并根据生理变化，适时地进行调整，进一步提高健美训练的效果。

3. 基础训练

（1）俯卧撑，如图 8 - 58 所示。

① 开始动作：双手支撑身体，双臂垂直于地面，两腿向身体后方伸展，依靠双手和两个脚的脚尖保持平衡，保持头、脖子、后背、臀部以及双腿在一条直线上。动作重点：全身挺直，平起平落。

② 动作过程：两个肘部向身体外侧弯曲，身体降低到基本靠近地板；收紧腹部，保持身体在一条直线上，持续 1 秒钟，然后恢复原状。

③ 训练要点：要循序渐进，由易到难、由少到多、由轻到重进行锻炼。根据自己的体质情况，选择适宜的练习方法，控制运动负荷。

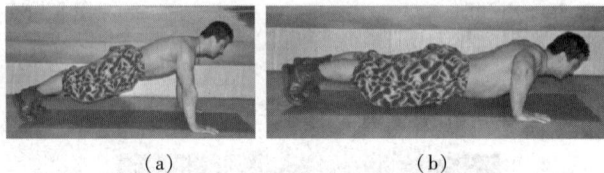

（a） （b）

图 8 - 58　俯卧撑

（2）仰卧起坐，如图 8 - 59 所示。

① 开始位置：身体仰卧于地垫上，膝部屈曲呈 90°左右，脚部平放在地上。平地上切勿把脚部固定（例如由同伴用手按着脚踝）。

② 动作过程：把身体升起离地 10 ~ 20 厘米后，应收紧腹部肌肉并稍作停顿，然后慢慢把身体下降回原位。当背部着地的时候，便可以开始下一个循环的动作。

③ 训练要点：初学者要避免一次做得过多，最初进行时可以尝试先做 5 次，然后每次练习增加 1 次，直至达到 15 次左右，这时便可尝试多做 1 组，直至做到 3 组为止。

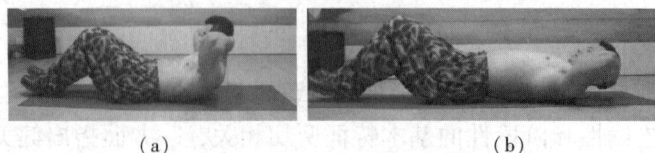

（a） （b）

图 8 - 59　仰卧起坐

（3）引体向上，如图 8 - 60 所示。

① 开始动作：两手以宽握距正握单杠，两脚离地，两臂及身体自然下垂伸直。

② 动作过程：用背阔肌的收缩力量将身体往上拉起，直到单杠触及或接近胸部。静止 1 秒钟，使背阔肌彻底收缩。然后逐渐放松背阔肌，让身体徐徐下降，直到恢复完全下垂，重复再做。

③ 注意要点：上拉时意念集中在背阔肌，把身体尽可能地拉高，上拉时不要让身体摆动，下垂时脚不能触及地面。可在腰上钩挂杠铃片来加重。引体时，不可借助蹬腿和摆动的力量。

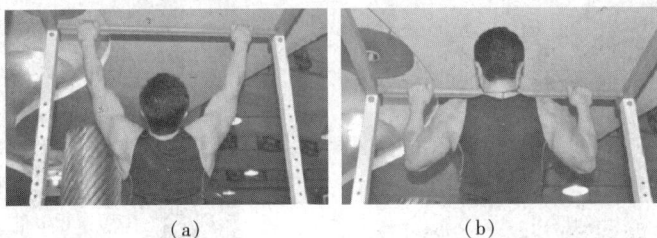

(a)　　　　　　　　(b)

图 8 - 60　引体向上

（4）哑铃单臂俯立划船，如图 8 - 61 所示。

① 重点锻炼部位：主要是锻炼上背部最大的肌肉群——背阔肌，其次是斜方肌、冈下肌、脊柱、三角肌后束、肱二头肌和前臂部。

② 开始位置：两脚开立同肩宽，上体前屈与地面平行，两膝稍屈，使下背肌群没有拉紧感。两手掌心向内，间距同肩宽，两臂下垂伸直持铃。

③ 动作过程：使单臂移向体侧，肘部略高于躯干，然后慢慢放下还原，重复做。

④ 训练要点：大多数运动员在练这一动作时，采用较宽的握距，这就使不同部位的肌群受到刺激。在提铃时，应感到运用背部肌群的收缩力，而不只是把重量向上提而已。

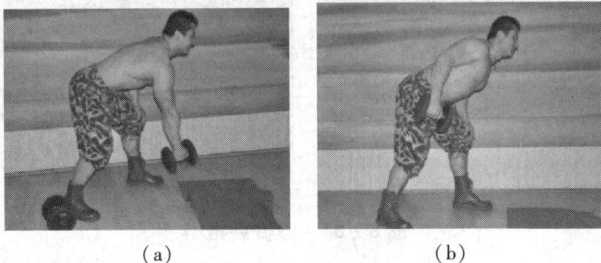

(a)　　　　　　　　(b)

图 8 - 61　哑铃单臂俯立划船

（5）俯坐弯举，如图 8 - 62 所示。

① 重点锻炼部位：肱二头肌。

② 开始位置：坐或俯立，上体稍向前倾，一手握哑铃，下垂于一腿内侧，另一只手臂自然地屈肘，以手掌或肘部搁在一侧大腿上。

③ 动作过程：持铃慢慢屈肘向上弯起至胸前，上臂不准移动，紧贴大腿内侧。

④ 训练要点：当持铃弯起时，腰背部不要放松。也可以立姿进行。

（6）杠铃弯举，如图 8 - 63 所示。

① 重点锻炼部位：主要是肱二头肌，其次是前臂肌。

② 开始位置：自然站立，掌心向前，两手间距与肩同宽，在整个动作过程中，两上臂始终贴于体侧，杠铃下垂在腿前。

③ 动作过程（略）。

④ 训练要点：当小臂持杠铃弯起时，上臂不准移动，在举杠铃的同时，使躯干稍微向后仰起会更有效些。弯起至完全收缩后，杠铃再循原路放下。放下动作要慢些，当杠铃放下还原时，前臂要下垂、伸直。每次试举必须做到完全伸展和彻底收缩。

图 8-62　俯坐弯举

图 8-63　杠铃弯举

（7）哑铃卧推，如图 8-64 所示。

① 重点锻炼部位：胸大肌、三角肌和肱三头肌。

② 开始位置：仰卧在平的卧推凳上，两脚平踏在地上，两手掌向上伸直握住哑铃。

③ 动作过程：使两直臂向两侧张开，两臂慢慢弯曲，哑铃垂直落下，下降至最低处时，即做上推动作，上推时呼气。然后向上推起至开设位置，重复做。

④ 训练要点：不要把背和臀部拱起或憋气，这样会使肌肉失去控制，比较危险。

（a）

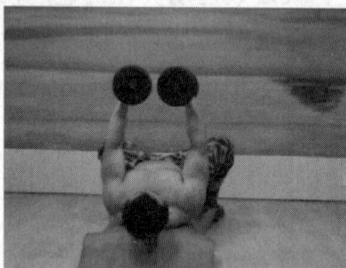

（b）

图 8-64　哑铃卧推

（8）站姿颈后臂屈伸，如图 8-65 所示。

① 重点锻炼部位：肱三头肌。

② 开始位置：全身直立，两手正握或反握杠铃，上臂屈曲固定在头的两侧。

③ 动作过程：吸气，以肘关节为轴，用力将前臂伸直上举，稍停 2~3 秒钟。然后吸气，屈臂慢慢落下还原至颈后，重复练习。

④ 训练要点：上臂必须紧贴耳侧，两肘夹紧，上臂保持与地面垂直状，两肘尖垂直向上，不要向前后移动借力。

图 8 - 65　站姿颈后臂屈伸

（9）哑铃侧平举，如图 8 - 66 所示。

① 重点锻炼部位：三角肌外侧中束部位。

② 开始位置：自然站立，两手各持哑铃下垂体前，两肘部稍弯曲，拳眼向前。

③ 动作过程：两手持铃的同时向两侧举起，举起至与头部齐高位置。然后，慢慢地循原路落下回原位，再重复做。

④ 训练要点：在持铃提起和放下过程中，肘和腕部始终稍微弯曲，这样对三角肌的收缩更为有效。当哑铃向两侧提起时，同时使手腕向上转起至比大拇指稍高些，提起至最高位置。哑铃落下时，手腕再转回。

图 8 - 66　哑铃侧平举

（10）站姿负重提踵，如图 8 - 67 所示。

① 重点锻炼部位：小腿肌群。

② 开始位置：前脚掌站在垫木上，单手持哑铃，另一只手辅助身体平衡。

③ 动作过程：吸气，以小腿三头肌的收缩力量使脚后跟抬至最高位置，小腿肌肉群完全收紧，稍停 2～3 秒钟。再呼气，慢慢放下脚跟还原。重复练习。

④ 训练要点：单脚站于垫木上，脚后跟要露在垫木外。

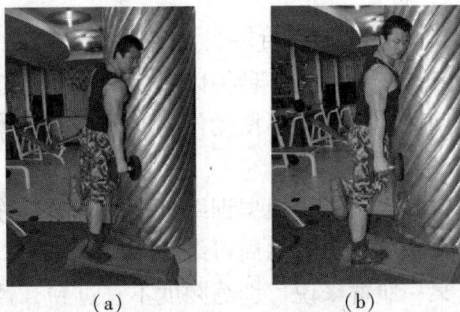

图 8 - 67　站姿负重提踵

4. 健身的术语

（1）部位。

部位指的是在一次练习中要训练的肌肉部位。对初学者来说，部位的概念（含义）比较粗略、笼统，如胸肌、背肌、二头肌等的整体。而对专业运动员来说，部位的概念（含义）要更细致、精确。例如胸大肌的上缘、下缘、中束、外缘、内缘、下外角、下内角等。

（2）动作。

动作指的是训练某一肌群时，采用的几个练习动作。对初学者来说，每个部位每次做 1~2 个练习动作就足够了。而对运动员来说，有时某个部位的训练动作可多达 6~8 个。

（3）组数。

在健美训练中，每个动作的组数从 1~2 组到 7~8 组，甚至十几组不等，视训练阶段、目的、水平而定。一般来说，初学者每个动作做 1~4 组，中高水平的运动员及健美爱好者做 4~6 组。

（4）次数。

次数指的是某组练习做至力竭时所能完成的重复数量（也叫有效次数）。一般 4 次以下为少次数，主要用于提高力量；5~15 次为中等次数，可用于增大肌肉体积和围度；16 次以上为多次数，多用于提高肌肉的分离度、精细度和减脂等。

（5）重量。

重量指的是训练时所使用的重量（根据动作的不同，它与肌肉实际受到的阻力负荷通常是不相同的）。若以最大重量（全力可举起一次的重量）为参照，则最大重量的 85% 以上为大重量；65%~80% 为中等重量；65% 以下的重量为小重量。以中、大重量进行训练，可以增长力量和肌肉围度；用中、小重量进行训练，则可以提高肌肉的清晰度、分离度和精细度，并可减去一部分脂肪。

（6）组间隔。

组间隔指的是前一组与后一组练习之间的休息时间。这是一个较少被重视，却又十分重要的要素。这个时间实际上是一个不定量，不是 30 秒钟或是 1 分钟。在实际训练中，组间隔应视本人年龄、训练的肌群大小以及当时的身体状况而定。组间隔一般是以心率作为参考。当心率恢复到极限心率（220 - 本人年龄）的 50%~60% 时，即可开始下一组训练（当然是在身体正常的情况下）。通常短间隔在 20~40 秒钟，1 分钟左右为中等间隔，1 分半钟以上为较长的间隔。

（7）速度。

速度指的是做练习动作（包括起落全过程）的快慢。一般每次动作在 1 秒钟以下的爆发性速度为快速，1~2 秒钟为中等速度，3 秒钟以上为慢速度。健美训练一般采用均匀、缓慢的中等速度。做练习时利用惯性的各种摇摆动作，以及自由落体动作都是错误的。

（8）频度。

练习频度指的是每周进行几次训练。根据训练水平的不同，练习频度是不一样的。通常初学者每周 3 次即可，中等水平的练习者每周可练 3~4 次，高水平的运动员在赛季可天天练，甚至每天 2 次。但对于某一肌群来说，训练频度不宜过勤，且水平越高，每周训练次数应越少。实验表明，在一次剧烈的大运动量训练之后，2~3 天身体机能处于下降水平，3~

5 天恢复到原水平，5~8 天才会产生超量恢复。所以，很多高水平的优秀运动员都采用每个肌群每周只练一次的方法进行常规训练。

8.3.4　健身房减脂计划参考

1. 有氧训练计划（参考）：椭圆机或跑步机

每周 3~4 次，每次 40~50 分钟，距离 4~6 千米。心率控制在（220－年龄）×60%~70%（就是运动时可以正常讲话的强度）。

2. 力量训练计划

可以采用一次训练把所有部位练一遍，每个部位选一个动作，每个动作做 20 个的循环训练，如表 8-1 所示。

表 8-1　力量训练计划

时间		项　目			次数	组数	间隔
第一周	1	哑铃俯立划船	杠铃弯举	站姿负重提踵	15~20	3	1 分钟
	2	哑铃侧平举	站姿颈后臂屈伸	仰卧起坐	15~20	3	1 分钟
	3	俯卧撑	引体向上	站姿负重提踵	15~20	3	1 分钟
第二周	1	俯坐弯举	哑铃卧推	哑铃俯立划船	15~20	3	1 分钟
	2	杠铃弯举	哑铃侧平举	仰卧起坐	15~20	3	1 分钟
	3	站姿颈后臂屈伸	俯卧撑	杠铃弯举	15~20	3	1 分钟
第三周	1	俯卧撑	引体向上	站姿负重提踵	15~20	3	1 分钟
	2	俯坐弯举	哑铃卧推	哑铃俯立划船	15~20	3	1 分钟
	3	哑铃侧平举	站姿颈后臂屈伸	仰卧起坐	15~20	3	1 分钟
第四周	1	哑铃俯立划船	杠铃弯举	站姿负重提踵	15~20	3	1 分钟
	2	俯卧撑	引体向上	仰卧起坐	15~20	3	1 分钟
	3	哑铃侧平举	站姿颈后臂屈伸	站姿负重提踵	15~20	3	1 分钟

注：此表为月训练计划，每周健身 3 次。哑铃的重量可逐步增加。

3. 饮食计划（参考）：少食多餐，减慢吃饭速度

早餐 8：00：脱脂牛奶 250 毫升，蔬菜水果适量，全麦面包 2 片，蛋清 2 个。

加餐 10：00：香蕉 1 根。

午餐 12：00：主食 75 克，肉类 50 克，蔬菜 150 克（最好是生的或不放油的），水果适量。

加餐 15：00：果汁 1 杯。

晚餐 18：00：主食 50 克，肉类 50 克，蔬菜 150 克，水果适量。

减肥蔬菜：黄瓜、西红柿、芹菜、韭菜、白菜、青菜、生菜。

减肥水果：苹果、橙、桃。

健美食品：粗粮、煮土豆、玉米、燕麦片、苹果、橙、桃、香蕉、果汁、各种蔬菜、豆类、牛奶、酸奶、鸡胸肉、瘦牛肉、鱼肉、鸡蛋（去蛋黄）。

本章思考与练习题

1. 健美操的基本步伐有哪些？
2. 练习瑜伽都有什么要求？
3. 健美的原则与方法是什么？

第九章

休闲运动

▶ 本章学习提示

1. 了解休闲运动的基本常识。
2. 根据自己所需掌握一至两个休闲运动项目。

9.1 滑雪

9.1.1 滑雪运动概述

滑雪是运动员把滑雪板装在靴底在雪地上进行速度、跳跃和滑降的竞赛运动。滑雪板用木材、金属材料和塑料混合制成。滑雪竞赛主要有两种：高山滑雪和北欧滑雪。高山滑雪由滑降、小回转和大回转组成。北欧滑雪包括个人越野滑雪赛和男子接力赛与女子接力赛。此外还有自由式滑雪赛，以及北欧混合项目比赛，包括越野赛和跳台赛。滑雪运动基本的含义是指人们呈站立姿态，手持滑雪杖、足踏滑雪板在雪面上滑行的运动。本书主要介绍高山滑雪。

9.1.2 高山滑雪的基本技术

1. 穿板

双板平行放在雪面上，双手撑稳雪杖保持身体平衡，敲掉鞋底的雪，鞋尖对入固定器的前端，鞋在固定器上摆正，脚跟向下踩压。

2. 脱板

用杖尖顶入固定器后面的凹槽中向下撑压，同时身体重心略向前倾。

3. 平地走滑

双板与髋同宽，利用雪杖做支撑或撑杖前进。

4. 基本站势

正常站立，两膝关节以相同的角度屈顶，不要形成 O 形腿或 X 形腿。

5. 原地变向

左板承重，右板向前上踢成直立状态后以板尾为轴心向右侧下方转动180°，在左板内侧着地并承重。同时，上体右转90°。重心移至右腿，左板抬起，左腿从右腿后侧通过并力争也转动180°，放到右板同一方向并平行的位置上。上体随同左板再转90°。双板同时承重，完成向后转体。两雪杖在体侧根据转向情况顺势支撑，维持平衡，协助后转。

6. 横板蹬坡

横板蹬坡指雪板平行地横在山坡上，基本与滚落线垂直。横板蹬坡技术是高山滑雪基本功训练内容之一。

7. 八字蹬坡

面对滚落线，两支雪板呈外八字、立内刃状态，直线向山上蹬坡。

8. 犁式停止法

在滑降状态下，脚尖迅速内扣，板尾迅速增大，双板呈内八字状态。

9. 跌倒后站起

如果跌倒，将双板收至靠近身体，平行放置，然后站立起身。

9.1.3 高山滑雪的滑降技术

1. 犁式滑降

犁式滑降是高山滑雪最基础的动作，要求雪板呈内八字形以最缓慢的速度从山上直线滑行到山下。在滑行过程中，初学者可以通过调节板尾的大小和利刃程度来控制速度，不会因为速度过快而感到恐惧。所以，有人把犁式滑降称为犁式制动的滑降。

（1）动作要领。

① 双膝微屈，脚尖内扣，重心在两板中间，两脚跟外展，使雪板呈内八字形。

② 身体略向前倾，上体放松，两手握杖自然置于体侧，杖尖朝身体斜后方45°。

③ 眼睛直视前方。

（2）注意事项。

① 初学者先以最缓慢的速度滑行，滑行过程中体会立内刃带有阻力的滑行动作。

② 反复练习达到能够随时控制板尾的大小的程度。

③ 始终要把板头控制在10厘米左右的距离，不要使板头距离过大或者重叠。

④ 臀部不要过于后坐，上体不要后仰，避免摔倒。

2. 直滑降

直滑降是指双板平行，面对坡下垂直从山上滑下的动作技术。通过直滑降的练习学习者主要掌握基本滑行姿势，体会速度及滑行的感觉。

（1）动作要领。

① 双板平行略宽于肩，重心在两腿之间。

② 上体稍向前倾，髋、膝、踝关节微屈，呈稳定的半蹲姿势。

③ 两臂自然放于体侧，肘关节微屈协助平衡，肩部放松。

④ 眼睛直视前方。

（2）注意事项。

① 在滑行过程中，速度过快可以用犁式制动减速，切忌因为恐惧而使身体后仰。

② 在雪坡的选择上必须循序渐进，从坡度较缓的场地至较陡坡度的场地。

③ 滑行过程中注意放松，防止过度紧张而引起身体僵硬。

3. 斜滑降

斜滑降是指与坡下形成一定的角度，以双板平行的方式向斜下方的滑行。其动作技术和直滑降相似，但要注意在滑行过程中，山下脚用力要大于山上脚。

9.1.4　高山滑雪的转弯技术

1. 犁式转弯

犁式转弯是高山滑雪转弯的重要基础技术，是学会转弯的第一步。掌握犁式转弯对其他转弯技术的学习有极其重要的意义。

（1）动作要领。

① 在犁式滑降姿势的基础上，右脚加力蹬伸，左脚减力，右侧板立内刃，形成转弯。

② 转弯后，左脚加力，右脚减力，即向右转。

③ 在滑行过程中，连续进行犁式转弯，保持上体姿势不变。

（2）注意事项。

① 滑行过程中，上体摆动不要过大，主要依靠腿的蹬伸进行控制。

② 体会转弯过程中立刃对转弯质量的影响。

③ 滑行过程中注意保持腿部的等腰三角形。

2. 半犁式转弯

半犁式转弯是将斜滑降和犁式转弯相结合而完成的，起步时采用斜滑降，到转弯处山上脚用力蹬伸，内刃刻于雪面；转弯后中心落于山下脚，而后收山上脚板尾，使雪板平行，继续滑行。不断重复犁式转弯和斜滑降，形成半犁式转弯。

（1）动作要领。

① 山上脚蹬出呈半犁式，边蹬出边移动重心。

② 滑雪板蹬出结束，保持滑雪板状态不变，两板头口滑向坡下。

③ 转弯时，重心加在外侧脚上，内侧开始收腿，两板头口滑向另一侧，加大外侧板的蹬雪力量。收板结束，进入转弯结束阶段。

（2）注意事项。

① 防止转弯时引伸过大。

② 防止上体过度外倾；转弯时注意外侧脚立刃。

③ 转弯时重心移动要及时。

3. 平行转弯

平行转弯是指两雪板保持平行状态的转弯。平行转弯的优点是能够较大限度地保持速度，通过腿的强有力回旋和双板立刃能够完成较高质量的转弯。

（1）动作要领。

① 从直滑降或斜滑降开始，保持一定的速度进入转弯的准备状态。

② 身体重心向转弯内侧移动，双板内外刃蹬雪。

③ 继续向前屈膝、屈踝。

④ 上一个转弯结束后，准备下一个转弯，此时重心较低，踝关节有踏实的感觉。

⑤ 利用蹬踏的反作用力，向斜上方提起重心。

（2）注意事项。

① 注意上体与速度的吻合。

② 在转弯过程中，速度、转弯的弧度与身体倾斜程度应吻合。

③ 在转弯时，主要是腿带动上体转而不是上体带动腿转。

9.2 轮滑

9.2.1 轮滑运动概述

轮滑运动在我国俗称"溜旱冰"或"滑旱冰"，它是一项融健身、竞技、艺术、娱乐于一体的，风靡世界、深受青少年喜爱的体育运动。轮滑运动项目主要包括速度轮滑、花样轮滑、双排轮滑、单排轮滑、极限轮滑（滑板）、自由式轮滑（也称平地花式轮滑）等。

9.2.2 轮滑基本技术

1. 基本站姿

（1）T字站立法，如图9-1所示。

（2）V字站立法，如图9-2所示。

（3）平行站立法，如图9-3所示。

图9-1　T字站立法　　　　图9-2　V字站立法　　　　图9-3　平行站立法

2. 基本功练习

（1）原地移动重心练习，如图9-4所示。

（2）原地踏步练习，如图9-5所示。

（3）原地蹲起练习，如图9-6所示。

图9-4　原地移动重心　　　　图9-5　原地踏步　　　　图9-6　原地蹲起

3. 直线滑行技术

（1）单脚蹬地双脚惯性滑行。

单脚蹬地双脚惯性滑行是在"八"字脚行走的基础上，双脚借助惯性向前滑行，如图

9 - 7 所示。

（2）直线前滑。

直线前滑是双脚交替蹬地支撑滑行，如图 9 - 8 所示。动作熟练后，逐渐加大蹬地力量和延长滑行距离。

图 9 - 7　单脚蹬地双脚惯性滑行

图 9 - 8　直线前滑

4. 弯道滑行技术

（1）平行惯性转弯。

如向左转弯，则头和肩向左转动，带动上体、髋部和两脚向左转动，借助惯性向左滑出一条弧线，如图 9 - 9 所示。

（2）弯道压步。

身体左转，屈膝，重心移到左腿上，用右脚轮子内侧蹬地，左脚外刃向前滑出，右腿向侧伸直；右脚收回放在左脚内侧，左脚用外刃向内侧后方蹬地，右脚用内刃向前滑出，左腿向侧后方伸直；左脚收回，靠近右脚，屈膝再滑下一步，如图 9 - 10 所示。

图 9 - 9　平行惯性转弯

图 9 - 10　弯道压步

5. 倒滑技术

（1）倒滑"八"字脚行走。

脚跟分开呈"八"字脚站立，两脚在重心平稳移动的同时，交替向后迈步，如图 9 - 11 所示。

（2）倒滑压步。

如向右做压步动作，则用左脚内刃蹬地，同时身体重心移向右侧成右脚外刃支撑倒滑；左脚蹬地结束后，以在右脚的右前方落地成交叉并继续以内刃向后倒滑，此时右腿迅速向左后方蹬直；右腿蹬地结束后，收回至左脚内侧以轮子的外刃继续倒滑，完成一次压步动作，如图 9 - 12 所示。

图9-11 倒滑"八"字脚行走

图9-12 倒滑压步

6. 制动技术

（1）A形制动。

以轮子的内刃着地，两脚尖扣成A形，利用轮子的内刃与地面的摩擦减速制动，如图9-13所示。

（2）T形制动。

在向前滑行中，将重心放在左脚上，左膝微屈，同时抬起右脚，右脚脚尖外转，横放在左脚后呈T形，以右脚的四个轮内侧面摩擦地面，减缓滑行速度；此时，重心下降并逐渐移向右脚，加大摩擦直到停止滑行，如图9-14所示。

图9-13 A形制动

图9-14 T形制动

7. 注意事项

轮滑场地和安全。从事轮滑运动时，应注意安全。轮滑运动的技术特点主要是移动身体重心，保持身体的动态平衡。滑行时必须使身体重心的垂直投影点落在支撑地面内，滑行时一旦失去平衡，应迅速屈膝下蹲，顺势滚翻，进行自我保护。从事轮滑运动时，必须穿戴护具及佩戴头盔，以免发生意外。

每次锻炼时，都要注意选择好场地，最好在允许滑行的公园或广场。要找一块光滑、平坦的地方，要远离斜坡和山地，远离车辆。在学会急停和控制速度之前，千万不要在人行道和街区内滑行。

在台阶及马路沿前要减速。在上台阶时将鞋倾斜一些，像螃蟹一样侧身行走。

地上的每一个裂缝、碎石、小树枝都会锁住轮子，有发生意外的可能。在这样的地面上，双脚分开可以站得稳一些。

能控制速度和制动后，才可以练习下坡。如果是初学者，下坡时可脱下鞋走，这样比较安全。

9.2.3　自由式轮滑

1. 向前双 "S" 绕桩

（1）动作要领。

向前双 "S" 绕桩如图 9 – 15 所示。

① 双脚平行站立。

② 左右脚交替蹬地，向前滑行，产生向前的动力。

③ 双脚滑行到桩侧，主动拧髋，向左压膝，同时带动双脚脚跟，主动捻转，使脚向右滑行。

④ 由左前方滑到桩侧，然后再主动拧髋，向右压膝，同时带动两脚脚跟，主动捻转，使脚向左前滑行。

⑤ 不断拧髋左右交替压膝，像鱼游水一样滑行。

（2）注意事项。

① 滑行过程中，重心跟上，上体变动不要太大。

② 往左侧滑时，向左侧压膝；往右侧滑时，向右侧压膝。

③ 双脚脚跟鞋轮捻转既是变向，又可作为继续滑行的动力。

④ 脚和膝一定要协调配合。

⑤ 逐渐加快滑行速度和绕障的频率。

2. 向后双 "S" 绕桩

（1）动作要领。

向后双 "S" 绕桩如图 9 – 16 所示。

① 双脚平行开立，左右脚蹬地惯性后滑。

② 身体重心在右脚上，左脚以内刃向侧前蹬地。

③ 双臂左右伸开或置于体侧，保持身体平衡，转头向后看。

④ 当滑行至标志桶时，双脚平行向右侧转弯滑行，绕过标志桶。

⑤ 右脚用内刃向侧前方蹬地，重心向左偏。

⑥ 当滑至标志桶时，双脚平行向左转弯滑行，绕过标志桶。

图 9 – 15　向前双 "S" 绕桩

图 9 – 16　向后双 "S" 绕桩

（2）注意事项。

① 无论转弯还是惯性倒滑，双脚始终保持平行状态。

② 向左侧转弯倒滑时，重心向左偏移；向右侧转弯倒滑时，重心向右侧偏移。

③ 强调脚和膝的协调配合。

④ 逐渐加快滑行速度和绕障的频率。

3. 向前单腿"S"绕桩

（1）动作要领。

向前单腿"S"绕桩如图9-17所示。

① 呈平行站立。

② 左右脚交替蹬地，产生前滑动力。

③ 以右脚滑前内弧线开始，用左脚内刃蹬地，身体重心落在右脚。

④ 两臂左右伸开或置于体侧，帮助身体维持平衡。

⑤ 当滑过弧线一半，接近标志桶时，以右脚前内刃滑行绕开标志桶，然后迅速扭转右脚跟，呈右前外刃滑行，再绕开第二个标志桶。

（2）注意事项。

① 单脚向前回旋绕桩主要借助的是向前滑行的惯性。

② 依靠拧髋压膝，带动支撑脚，积极左右摆动，形成左右转向变化。

③ 两臂左右伸开或置于体侧，帮助身体维持平衡。

④ 强调脚和膝的协调配合。

4. 向后单腿"S"绕桩

（1）动作要领。

向后单腿"S"绕桩如图9-18所示。

① 以内八字站立。

② 左右脚交替蹬地，产生后滑动力。

③ 左脚滑后外弧线开始，用右脚内刃蹬地，身体重心落在左脚外刃上，滑出，两臂左右伸开或置于体侧，帮助身体维持平衡。

④ 当滑过弧线一半，接近标志桶时，以左脚后外刃滑行绕开标志桶，然后迅速扭转左脚尖，成左后内刃滑行，再绕开第二个标志桶。

图9-17　向前单腿"S"绕桩　　　　图9-18　向后单腿"S"绕桩

（2）注意事项。

① 单脚向后回旋绕桩主要靠借助向后滑行的惯性。

② 在地面上画出标志点进行练习。

③ 两臂左右伸开或置于体侧，帮助身体维持平衡。

④ 强调脚和膝的协调配合。

5. 向前双交叉"S"绕桩

（1）动作要领。

向前双交叉"S"绕桩如图9-19所示。

① 双脚V字形站立，起滑时身体稍前倾，两膝弯曲用力，两脚尖外展以内刃蹬地，两臂左右伸开或置于体侧，帮助身体维持平衡。

② 当滑行至接近小标志桶时，双脚向前外滑出至最大弧线（两脚稍宽于两肩），使小标志桶从两腿之间穿过。

③ 两脚尖内收靠拢，还原至两脚相距15~20厘米时，双脚分开通过小标志桶再靠拢，不断让小标志桶从两腿间穿过，向前滑进。

（2）注意事项。

① 在地面上画出标志点进行练习。

② 两脚要不断地交叉滑出"S"，以便绕过标志桶。

③ 先绕一两个小标志桶，再逐渐增加小标志桶的数量。

④ 逐渐加快滑行速度和绕桩的频率。

6. 向后双交叉"S"绕桩

向后双交叉"S"绕桩如图9-20所示。

（1）动作要领。

双脚尖内扣，脚跟外展A字形站立。起滑时身体稍后仰，两膝弯曲用力，两脚跟外展并以内刃蹬地，两臂左右伸开或置于体侧，帮助身体维持平衡。双脚向后外滑出大约与肩同宽的弧线时，两脚跟内敛靠拢，滑行至距小标志桶20~30厘米时，两脚靠近至相距15~20厘米，一脚在前，一脚在后，重心落在两腿之间，继续相对腿"挤推"，成两腿交叉向后滑行。同时，两脚迅速由内刃向后滑行变为外刃向后滑行至两腿交叉的最大幅度，使小标志桶从两腿中间穿过。然后，两脚跟外展，两脚以外刃A字形向前外侧蹬地还原成两脚平行状态，当两脚还原平行后迅速由两脚外刃A形蹬地变为内刃A形向侧前方蹬地，继续下一次双脚分开、靠拢、交叉，通过小标志桶和还原，不断绕开小标志桶障碍向后滑进，如图9-20所示。

图9-19　向前双交叉"S"绕桩　　　　图9-20　向后双交叉"S"绕桩

（2）注意事项。

① 熟练掌握向后双交叉"S"滑行技术。

② 在地面上画出标志点进行练习。

③ 先绕一两个小标志桶，逐渐增加小标志桶的数量。

④ 逐渐加快滑行速度和绕障的频率。

9.3　定向运动

定向运动是一项融健身性、知识性、趣味性于一体，与智力并重的运动项目，非常适合在大学中开展。定向运动作为一种实用价值很高的运动，指在野外凭借指北针与标有若干检查点和方向线的地图，按预先设定的陌生路线依次寻找到各个检查点后，用最短的时间跑完全程。定向运动可在野外或公园、校园中进行，通过这项运动的锻炼，人们可以熟悉野外行动规律，提高辨识复杂地理环境的能力，培养勇敢顽强的探索精神，掌握必备的生活技能和自我求生本领，最终达到克服自然障碍和预防不测事件的目的。

9.3.1　定向运动的分类

1. 徒步定向

徒步定向是各种定向运动比赛中组织方法比较简便，开展较为广泛的一种。由于该比赛的成败全在于个人的识图用图、野外定向和奔跑能力的强弱，因此适于各种年龄、性别的人参加。据国外有关资料记载，参加徒步运动的运动员最小的只有八岁，而最长者有八十岁，真可谓老少皆宜。为增加比赛的乐趣，也可以在判定比赛成绩的方法上有所区别，如可以个人跑计个人成绩、个人跑计团体成绩或个人跑计个人与团体成绩等。定向越野比赛是国际定向运动联合会（以下简称"国际定联"）正式承认的比赛项目之一。

2. 接力定向

接力定向是团体之间的定向越野比赛项目之一，其成绩好坏有赖于队员个人能力的发挥。在接力定向中，比赛的路线分成若干段（国际比赛通常为四段），每名选手完成其中的一段，各段参赛选手的成绩相加为该队团体总成绩。为便于观众欣赏各选手之间的激烈竞争，接力定向的场地必须设置一个"中心"站，各段选手的交接（即"换段"）均在这里以触手方式进行（不使用接力棒）。因此，接力定向的观赏性较好，被国际定联纳入了正式比赛项目。

3. 百米定向

百米定向是定向运动的一个新兴项目，全国定向冠军赛的检验证明，百米定向具有观赏性强、技术性高、易参与、易组织等特点，能够锻炼运动员的反应能力和奔跑速度，健身的同时充满了乐趣，还能够学会识图用图。因此，百米定向受到定向运动界的广泛推崇。

4. 专线定向

这种比赛与其他比赛的最大区别是地图上明确地标出了比赛的路线，运动员必须按这些规定的路线行进，并将途中遇到的检查点位置标绘到图上去。比赛成绩以检查点位置标绘的准确程度和所用时间的长短确定。

5. 滑雪定向

滑雪定向也可以按个人比赛、团体比赛或接力比赛等形式进行。它与个人徒步定向越野赛的区别是选手需要使用滑雪装具（非机动的）。供比赛用的滑道，则需要使用摩托雪橇来开辟。同一比赛路线上的滑道通常不只一条，以便于选手自行选择。

9.3.2　定向运动的装备

除号码布、地图及控制卡外，基于安全考虑，指北针、哨子也是运动员必备的工具。如参加夺分式定向赛还应携带手表。

服装方面，应以轻便、舒适及易于活动为佳，过紧或过厚的服装易使人举步维艰。

远足经验较浅的，可穿旅行靴保护脚腕，有经验的运动员可穿比赛用的运动鞋。运动鞋的基本要求是鞋身可防水，鞋底有凸齿，在碎沙地不易滑倒。

9.3.3　定向的基本技能

1. 记忆法

一般要按行进的顺序，分段地记住路线的方向、距离、经过的地形点、两侧的辅助（参照）物。通过记忆，应该使自己具备一种"人在地上跑，心在图上移"的能力。

2. 拇指辅行法

先明确自己的站立点和要运动的路线，到达目标，然后转动地图（身体要随之转动），使地图与现场地形的方向一致，并用拇指压于站立点一侧，再开始进行。行进中要根据自己所到达的位置，不断移动拇指，转动地图，保持位置的连贯性与正确性。

3. 借线法

当检查点位于线状地形区或其附近时，可以采用此方法。行进时，要先明确站立点，而后利用易于辨认的线状地形，如道路、围栏、高压线、山背线、坡度变换线等，作为行进的"引导"，使自己行进时更有信心。

当找不到目标，同时又无法确定站立点时，就是迷失方向。迷失方向怎么办？下面介绍的是寻找正确方向的几种常用方法。

（1）沿道路进行时。

标定地图，对照地形，判明是从哪里开始发生的错误以及偏差有多大，然后根据情况另选迂回的道路前进。如果错的不多，可返回原路再进行。

（2）越野进行时。

标定地图后选择最适用的方法，确定站立点，然后尽量取捷径插到原来的正确路线上去，不得已时再返回原路。

（3）在山林中进行时。

根据错过的基本方向、大概距离，找出开始发生偏差的最近的地点，并以此为基础确定站立点。因为不能返回原路，就要在图上看一看迷失地区附近是否有较大型或较突出的明显地形（最好是线状的），如果有，就要果断地放弃原行进方向而向它靠拢，并利用它确定站立点。如果没有这个条件，那么就继续按原定方向前进，待途中遇到能够确定站立点参照物时，再迅速取捷径插向目的地。在山林中行进，最忌讳在尚未查明差错程度或连正确的行进方向都不清楚的情况下匆忙且轻易地取"捷径"斜插，这样很可能造成在原地兜圈子的情况。

9.4　攀岩运动

攀岩运动是从登山运动中衍生出来的竞技运动项目。攀岩运动也属于登山运动，攀登对象主要是岩石峭壁或人造岩石。攀登时不用工具，仅靠手脚和身体的平衡向上运动，手和手臂要根据支点的不同，采用各种用力方法，如抓、握、挂、抠、撑、推、压等。攀岩时要系上安全带和保护绳，以及配备绳索等，以免发生危险。

9.4.1　攀岩的种类

1. 自然岩壁攀登

（1）定义：在野外攀爬天然生成的岩壁。

（2）优点：可以接近自然，充分体会攀岩的乐趣；岩壁角度、石质的多样性带来攀登路线的变化；由于岩壁固定，路线公开且可长期保留，所以自然岩壁的定级可经多人检测对比，成为攀岩定级的主要依据。

（3）缺点：野外岩壁多位置偏僻，交通不便，时间和金钱花费都较大，路线开发也较费力。

2. 人工岩壁攀登

（1）定义：在人工制造的攀岩墙上攀登，包括室内攀岩馆和室外人工岩壁。

（2）优点：对攀岩者来说安全性较高；交通方便，省时省力；不可预见因素少，可以定期训练或进行专项训练；人员密集，便于交流切磋。另外，人工岩壁可以对路线进行保密性设置，成为攀岩比赛的主要形式。

（3）缺点：缺少特殊地形，创意性少，自由发挥余地小；支点的可调性使得人工岩壁路线常变，定级主观性更强，准确度偏低。另外，相对自然岩壁而言，其线路问题会比较尖锐，人工线路难度越大对力量要求越高。

9.4.2　攀岩的基本要领

（1）抓：用手抓住岩石的凸起部分。

（2）抠：用手抠住岩石的棱角、缝隙和边缘。

（3）拉：在抓住前上方牢固支点的前提下，小臂贴于岩壁，抠住岩石缝隙或其他地形，由手臂带动，使身体向上或向左右移动。

（4）推：利用侧面、下面的岩体或物体，以手臂的力量使身体移动。

（5）张：将手伸进缝隙里，手掌或手指屈曲张开，以此抓住岩石的缝隙，将其作为支点移动身体。

（6）蹬：用前脚掌内侧或脚趾的蹬力把身体支撑起来，减轻上肢的负担。

（7）跨：利用脚前部下踏较大的支点，减轻上肢的负担，移动身体。

9.4.3　攀岩的基本方法

三点固定法是攀岩的基本方法，对身体各部位的姿势有一定的要求。

1．身体姿势

攀岩时身体要自然放松，以三个支点稳定身体重心，重心要随攀登动作的转换移动，这是使攀岩稳定、平衡、省力的关键。

2．脚的动作

一个优秀攀岩运动员攀登技术发挥的好坏，关键在于两腿的力量是否能充分利用。只靠手臂力量攀登不可能持久。脚的动作要领是两腿外旋，大脚趾内侧贴近岩面，两腿微曲，以脚踩支点维持身体重心。在自然岩壁支点大小不一和方向不同的情况下，要灵活运用此动作。

3．上肢力量下肢力量的配合

凡优秀攀岩运动员，上肢、下肢力量是协调运用的。对初学者或技术还不熟练的运动员来说，上肢力量显得更为重要，攀岩时往往是靠上肢牵引，下肢蹬压抬腿而移动身体。

9.4.4　攀岩装备

攀岩装备是攀岩运动的一部分，是攀岩者的安全保证，尤其是在自然岩壁的攀登中。因此，平时要爱护攀岩装备并妥善保管。攀岩装备分为个人装备和攀登装备。

1．个人装备

个人装备指的是安全带、下降器、安全头盔、攀岩鞋，以及镁粉和粉袋等。

（1）安全带。攀岩安全带与登山安全带有所不同，属于攀岩专用，并不适合登山，但登山安全带可在攀岩时使用。我国大部分攀岩者多使用登山安全带，这是因为国内没有攀岩安全带生产厂家，而攀岩爱好者又常是登山人，于是两种安全带也就混用了。

（2）下降器。8字环下降器是攀岩时较普遍使用的下降器。

（3）安全头盔。一块小小的石块落下来，砸在头上就可能造成极大的生命危险，因此，安全头盔是攀岩的必备装备。

（4）攀岩鞋。攀岩鞋是一种摩擦力很大的专用鞋，穿起来可以省很多体力。

（5）镁粉和粉袋。手出汗时，抹一点粉袋中装着的镁粉，立刻就不会手滑了。

2．攀登装备

攀登装备指绳子、铁锁、绳套、岩石锥、岩石锤、岩石楔，有时还要准备悬挂式帐篷。

（1）绳子。攀岩最好使用11毫米的主绳。

（2）铁锁和绳套。铁锁和绳套作为连接保护装备，是保护攀登者必备的器械。

（3）岩石锥。岩石锥是固定于岩壁上的各种锥状、钉状的金属材料做成的保护器械，可根据岩壁裂缝的不同而使用不同形状的岩石锥。

（4）岩石锤。岩石锤是钉岩石锥时使用的工具。

（5）岩石楔。岩石楔与岩石锥的作用相同，却是可以随时放取的固定保护工具。

（6）悬挂式帐篷。悬挂式帐篷是准备在岩壁上过夜时使用的夜间休息帐篷，须通过固定点用绳子固定起来悬挂于岩壁上。

3．其他装备

其他装备包括背包、睡具、炊具、炉具、小刀、打火机等，视活动规模、时间长短和个人需要携带。

9.5 野外生存

走出水泥森林，突破盒子空间，走向野外，以同自然的亲近来调节程式化的生活和模块化的心境，这是很多人所向往的。离开电气化、计算机化的现代生活，都市人准备好地图、指南针、水壶、食物等开始两三个小时的"迷你"行程，为更好地体验冒险的刺激和野外求生的乐趣，学习一些野外生存的小知识是必要的。

9.5.1 选择营地

野外生存首先要考虑的就是安全。在野外，很多意外都可能发生，所以必须掌握选择营地的基本方法。

（1）支帐篷之前，必须仔细勘察地势。营地上方不要有滚石、滚木以及风化的岩石，一旦发现附近有岩石散落的迹象，绝对不可以再搭帐篷了，尤其是靠岩石壁越近的地方越要留意，要尽量避免在凹状的地方扎营。万一发现滚石，应立即大声喊叫，通知同行伙伴。

（2）不要在泥石流多发地建营。许多石块有被泥土包裹的痕迹，这是发生泥石流的主要标志。营地不要选在离泥石流通道太近的地方。

（3）雷雨天不要在山顶或空旷的地上建营，以免遭到雷击。

（4）雷雨天不要在河岸及川谷溪流边建营，以防被突如其来的洪水冲走。许多时候，营地都会选在山脊上或河岸，以便于欣赏风景。河岸地表平坦，易于搭建帐篷；而溪谷边有清澈的水流，也有可作为薪材的流木。气候良好时，这都是很不错的营地。但是，如果下起大雨，山谷里的水很可能会突然暴涨，使河岸没入水中，冲走登山鞋、食品等，甚至连人一起被水流冲走。

（5）雨季在野外宿营前一定要关注当地及河流上游地区的天气、水文情况，宿营时要注意在离水面几米的高地上搭帐篷，不要选择雨水通道，要选择排水良好的地方，还要选择好危险时可逃生的路径。当一切都安顿好，还须时常注意水源的水量及浑浊情况，以及流水声。一旦感觉异常，就要赶快离开。深夜或疲惫时尤其容易遭遇灾难的侵袭，千万不要粗心或观察不仔细。

9.5.2 搭建帐篷

（1）应尽量在坚硬、平坦的地上搭建帐篷，不要在河岸上建营。

（2）帐篷的入口要背风，帐篷要远离有滚石的山坡。

（3）为避免下雨时帐篷被淹，应在篷顶边线正下方挖一条排水沟。

（4）帐篷四角要用大石头压住。

（5）帐篷内应保持空气流通，在帐篷内做饭要防止着火。

（6）晚间临睡前要检查是否熄灭了所有火苗，帐篷是否固定结实。

（7）为防止虫子进入，可在帐篷周围洒一圈煤油。

（8）帐篷面最好朝南或东南，能够看到清晨的阳光；营地尽量不要在山顶上。

（9）搭建帐篷处至少要有凹槽地，不要搭于溪旁，如此晚上不会太冷。

（10）应选择沙地、草地、排水佳的地方作为搭建帐篷的营地。

9.5.3　加热食物

（1）炭火烤食。植物的块根，鱼、鸟、淡水贻贝和其他许多食物，可以直接在炭火上烤。在烤之前，可先裹上一层黏土或包上一层树叶，用这种方法绝不会烧坏食物。

（2）篝火烤食。把野兽、小鱼、鸟、植物根茎小块串在湿木或小树枝上，直接放在篝火上烤制。

（3）热石蒸食。这是古老的蒸法，效果不错。方法是把带贝类食物直接放在烧热的石块上或石块中间烤（某些肉料用树叶或草包起来），再在上面盖一层沙子或泥土。等食物熟透后，一扒开泥土，贝类食物便张开了嘴，即可食用。

（4）土坑烤食。先在泥地上挖一个30～40厘米深的坑，将肉块、鸟蛋、块根及贝类食物放在坑底，在坑内放上绿植的叶子、青草或能保持清洁的布，然后在坑上盖一层2厘米厚的沙子或泥土，把火堆设在上面。但是不可把肉放在树叶堆里烧，这样会产生烟熏味。

（5）瓦罐煮食。瓦罐内部衬一层锡箔纸，将干净水和要煮的食物放于罐中，加入烧热的石块，在罐上加盖面积够大的绿植的叶子，待水沸腾，直到食物完全煮熟。

9.5.4　净化饮用水

水对于人类的生存是至关重要的。俗话说："饥能挡，渴难捱。"水在某种程度上比食物还重要。

自然界的水源有地表水、地下水、生物水、天上水。

地表水：如江水、湖水、溪水等。

地下水：如井水、泉水等。

生物水：如一些植物含有的充足的水分，如美人蕉、竹子、仙人掌等。

天上水：如雨水、雪水、露水及融化的冰水等。

1. 净化

雨水、泉水、井水、山间流动的溪水可以直接饮用，但是静止的或流动缓慢的水要慎用，因为其中含有大量有机物及细菌，净化处理后方可饮用。净化是消除水中的有机物，进行消毒，并去掉异味的过程。在遇险求生条件下，可采用以下简易方法净化饮用水。

找一个容器，如帆布袋、聚乙烯塑料袋、大铁罐，在容器底部铺一层沙子、一层碳粉，如此重复多次，层数越多越好，每层约2.5厘米厚。

在容器底部钻一些小孔，把水倒进容器，下面用杯子盛接。

另外，还有一个办法可净化水：在离水源半米处挖一个浅坑，过一些时间，坑内就会渗出清澈干净的水来。

2. 消毒

（1）煮沸消毒。在海平面地带，至少煮沸1分钟；在海拔较高地区时间要延长，海拔每增高900米，煮沸时间可增加3～4分钟。

（2）化学消毒。消毒剂有碘化物、哈拉宗片等。通常情况下，按照科学配比在待消毒的水中放入适量哈拉宗片，静置大约30分钟即可达到消毒的目的。紧急情况而又没有此药剂时，也可以用碘化物，如碘酒，代作消毒剂。

9.6 拓展训练

9.6.1 拓展训练概述

1. 什么是拓展训练

拓展训练是以体育技术为原理，充分整合各种资源，融入科技手段，运用独特的情景设计，通过创意独特的专业户外项目体验，帮助参与者改变态度及心智模式，以期完善行为，达到追求美好生活愿望的训练方式。它是一种全新的体验式学习方法和训练方式，适合于现代人和现代组织。拓展训练大多以培养合作意识和进取精神为宗旨，帮助企业和组织激发成员的潜力，增强团队活力、创造力和凝聚力，以达到提升团队生产力和竞争力的目的。目前，拓展训练在我国的公务员执政能力培养、学生素质拓展教育、军人及警察心理行为训练、问题青少年心理修复、社区及婚姻家庭构建方面都有应用。

2. 拓展训练的锻炼价值

拓展训练是一种体验式学习方法和训练方式，拥有完整的循环式学习流程，倡导学生是学习的主体，并创设一种情景，在这种情景模拟的环境中，学生经过反复体验与总结、提升和整合，通过体验、回顾、感悟、成长的过程来达到学习的目的。与传统学校体育以运动项目作为课程内容体系为依据，强调学科本位、知识体系的完整性，注重知识与技能的教学模式相比较，拓展训练是一种摆脱传统教学观念的双向学习方式，即"在做中学"，有其独特性与价值。通过拓展训练，学生可以改善身体机能，强健体魄；增强自信心，改进自身形象，克服心理惰性；完善性格结构，磨炼战胜困难的意志；增进对集体的参与意识和责任心；启发想象力与创造性；提高解决问题的能力；学会关心他人、助人为乐、关爱生命；融入自然，增强情感沟通和表达的能力。

9.6.2 拓展训练内容

1. 破冰项目

破冰仪式是由古老的出航仪式演变而来的。"破冰"之意，是打破人际交往间的怀疑、猜忌、疏远，营造一种和谐的组织氛围，就像打破严冬厚厚的冰层，让所有人有更多交流与沟通的空间。这是一项热身活动，目的是增强彼此间的了解，为组建新的团队做准备，适合在课程初期进行。

（1）团队展示，如图9-21所示。

目标：增强学生的归属感和凝聚力。

组织过程：

① 将全班学生平均分成若干个小队，教师给每队一面彩旗、一支旗杆和一盒彩笔。

② 要求每队学生在30分钟内建立自己的团队，包括选出队长，起队名，制定队训，制作队徽、选定队歌，以及编排队形等。

③ 最后每队展示自己建立的团队，由队长解释队名及队徽的象征意义，集体展示队训、队歌和队形。比比看哪一组最有创意、最能体现本队人的特点。

回顾与分享：

① 这样的游戏方式对于每个小队来说有什么好处？

② 你们队是如何设计自己的团队文化、标志的？是什么给了你们启迪和暗示？

人数：每队10人。

时间：50分钟。

器材：每队一面彩旗、一支旗杆和一盒彩笔。

（2）指人喊名，如图9-22所示。

图9-21 团队展示

目标：快速记住队友的名字。

组织过程：

① 建立小队，每个小队各自围成一个圆圈。

② 给学生10分钟相互熟悉名字的时间。

③ 游戏开始时队长抬起手随意指向另一个学生并喊出他的名字，这个被指的学生也需抬起手指向另一个学生并喊出被指人的名字，直到所有人都指过别人为止。不许指向已经指过别人的学生，当有学生指出一个学生但喊不出他的名字时，罚暂停5秒钟，然后游戏继续。以最快的速度指完所有人的小队为胜者。

图9-22 指人喊名

回顾与分享：

① 你是否以最好的方法记住了自己队友的名字？

② 你是如何记住队友名字的？

③ 记住别人的名字有什么重要意义？

人数：每队 10 人。

时间：15 分钟。

器材：无。

（3）谁是我的兵，如图 9 - 23 所示。

目标：让队长快速熟悉自己的队员。

组织过程：

① 将事先分好的小队全部打乱，混乱地站到一起。

② 让队长挑出自己的队员。

③ 在挑队员的过程中，错误少的一队为胜者。

回顾与分享：

① 作为队长是否对自己的每个队员了如指掌？

② 通过玩此游戏，队长有什么样的心得体会？

人数：每队 10 人。

时间：15 分钟。

器材：无。

图 9 - 23　谁是我的兵

2. 沟通项目

沟通能力指一个人与他人有效沟通信息的能力，包括外在技巧和内在动因。恰如其分和沟通效益是人们判断沟通能力的基本尺度。恰如其分，指沟通行为符合沟通情景和彼此相互关系的标准和期望；沟通效益，指沟通活动在功能上达到了预期的目标，或者满足了沟通者的需要。沟通项目主要包括信息传递、盲人排除、解锁链。

（1）信息传递，如图 9 - 24 所示。

目标：演示日常生活中信息在传递过程中出现失真的现象，从而锻炼表达能力、聆听和记忆能力、沟通技巧。

组织过程：

① 教师将学生分成 10 人一组的若干组，按 1 ~ 10 将每组学生编好次序。

② 将每组 1 号学生留在教室，其他 9 人出去。教师将文章念给每组的 1 号学生听，不允许记录。

③ 每组 1 号学生间隔一定距离，保证老师在对其中一人说话时不会干扰其他人。然后叫每组的 2 号进入教室，由 1 号负责复述，接着叫 3 号进来，由 2 号复述，以此类推，直到 10 号听完 9 号的复述结束。信息传递亦可在户外空阔的场地进行。

回顾与分享：

① 你是用什么方法准确传递信息的?

② 如何解决游戏中遇到的沟通问题?

人数：每组 10 人。

时间：15 分钟。

器材：一则摘自刊物上的简短文章，100 字左右，不能是受到普遍关注的热门新闻。

图 9 - 24　信息传递

（2）盲人排队，如图 9 - 25 所示。

目标：在不同的环境条件中采取不同的沟通方式，通过改变自己来适应环境并解决问题。

组织过程：

① 教师将学生分为若干组并介绍项目内容和规则，规则是在游戏过程中不能说话或摘下眼罩，凡出现违规现象，该组游戏即被宣告结束。

② 让每位学生戴上眼罩。

③ 给每位学生一个号，只有本人知道自己的号。

④ 让每组学生根据自己的号数，按从小到大或从大到小的顺序排出一条直线。

⑤ 在学生排队过程中教师要注意监控，避免受伤。

回顾与分享：

① 用什么方法可以使别人知道你的号数和位置？

② 如何解决游戏中遇到的沟通问题？

③ 在这种环境条件下是否有比刚才更好的办法进行沟通？

人数：每组 10 人。

时间：30 分钟。

器材：眼罩若干。

图 9-25　盲人排队

（3）解锁链，如图 9-26 所示。

目标：让学生体会在解决团队问题方面的步骤，体会聆听在沟通中的重要性，体会团队合作、永不放弃的精神。

组织过程：

① 教师把学生分为若干组，让每组队员站成圆圈，然后说：先举起你的右手，握住对面人的手，再举起你的左手，握住另外一个人的手。要求不能抓自己身边队员的手，自己的两只手不能同时抓住另外一个人的两只手，手不能松开。然后想办法把这张乱网解开，最后形成一个大家依次手拉手围成的大圆圈。

② 如果在尝试过程中实在解不开，教师可允许学生相邻两只手断开一次，但再次进行时必须马上封闭。

③ 教师应告诉大家：乱网一定可以解开。要多鼓励学生坚持到底，尽量不松手。

回顾与分享：

① 开始时的感觉怎么样？是否思路很混乱？

② 当解开了一个点以后，你的想法是否发生了变化？

③ 在这个过程中，你是否体会到"胜利往往就是再坚持一下"？

人数：每组 10 人。

时间：20 分钟。

器材：无。

3. 团队信任项目

互相信任能增加团队每位成员对团队的情感认可，而情感上的信任是一个团队最坚实的合作基础之一，能够让成员真正将团队视为个人发展的平台。团队信任项目主要包括人椅、地雷阵、疾风劲草、卧式传递。

图 9 - 26　解锁链

（1）人椅，如图 9 - 27 所示。

目标：活跃现场气氛，打破肢体接触障碍，提高参与者的合作能力，培养人与人之间的相互信任和团队合作的精神。

组织过程：

① 学生按组围成一圈，在教师的引导下，每位学生让自己的脚尖顶着前面学生的脚后跟，缓缓坐在身后参与者的大腿上。

② 所有学生坐好后，教师给予指令，让各组学生按顺时针或逆时针方向转动。先出现松垮的组退出游戏，坚持时间最长的组获胜。

③ 教师也可以让每组学生自定口号，如"齐心协力，勇往直前"等，要求边按指令转动边喊口号，使气氛更加活跃。

回顾与分享：

① 在活动过程中，自己的精神状态是否发生了变化？身体和声音是否也相继发生变化？

② 在发现自己以上变化时，是否能及时加以调整？

③ 是否有侥幸心理，认为自己的松懈对团队影响不大？最后出现了什么情况？

④ 什么是这次游戏取得胜利的关键？

人数：不限。

时间：30 分钟。

器材：无。

（2）地雷阵，如图 9 - 28 所示。

目标：建立与加强学生对同伴的信任。

组织过程：

① 教师用绳子在空地上圈出一个不规则的范围，其中撒上障碍物作为地雷。

② 学生两人一组，每组学生发一个眼罩，要求其中一名学生戴上眼罩，另一名学生通过语言引导其通过地雷阵。只要踩到任何东西就要回到起点重新开始。

③ 引导者只能在线外进行引导。

图 9－27　人椅

图 9－28　地雷阵

回顾与分享：

① 在通过地雷阵前对同伴有没有信心？在"触雷"后还信任他（她）吗？

② 若下一次再来，还可以在哪些方面进行改进？

人数：20 人以内的偶数。

时间：30 分钟左右。

器材：障碍物若干，眼罩若干。

（3）疾风劲草，如图 9－29 所示。

目标：体验信任他人和放松自我。

组织过程：

① 大家围成一个圆，力量强弱的学生交叉排列。

② 风：半弓步站立，双手伸直，双手并拢，手掌朝前，与手臂垂直，保证大家的手掌刚好围成一个直径 2～3 米的圆，依据"劲草"的身高适当调整，身高越高，直径越大。

③ 劲草：一人于圆心处站立，双脚并拢，双手前伸交叉握住，并朝下向内绕 270°，让握住的双手顶住下巴，轻闭双眼，保持身体僵硬。

④ 劲草大声说："我是××，我准备好了，我要倒了，大家准备好了吗？"

⑤ 风齐声大喊："我们准备好了，你倒吧！"

⑥ 劲草僵倒在风（大家的手掌）上，保持双脚贴紧地面不动。

⑦ 风按左或右同一方向把劲草向左或右传递一圈或几圈，风的手掌尽量不要后退，也不向前推，左右转移劲草即可。

⑧ 风把劲草推回圆心直立，劲草轻轻睁开眼睛，大声说："谢谢大家！"

⑨ 轮流到圆心扮演劲草，继续活动。

图 9－29　疾风劲草

回顾与分享：

是否每个学生都能从团队中获得安全感？你希望别人怎样对待自己？

大家是否互相关心，是否互相信任？

人数：每队 10 人左右。

时间：30 分钟。

器材：无。

（4）卧式传递，如图9-30所示。

目标：通过身体接触打破陌生同伴之间的隔阂，增强彼此信任、合作的感情，提高团队的凝聚力。

组织过程：

① 将小组分成两排，背对站立，然后平躺在垫子上，双手上举。所有学生要肩挨肩，且肩膀要在一条直线上。

② 一名学生身体绷着，由教师保护托放在平躺在垫子上的学生手上，躺在垫子上的学生用双手将上面的学生从队伍一侧托举到队伍的另一侧放下，然后再从下一位学生开始，直到所有学生都被托举一遍。

③ 所有学生必须集中精力，传递过程中必须安排专人或由教师跟随保护。

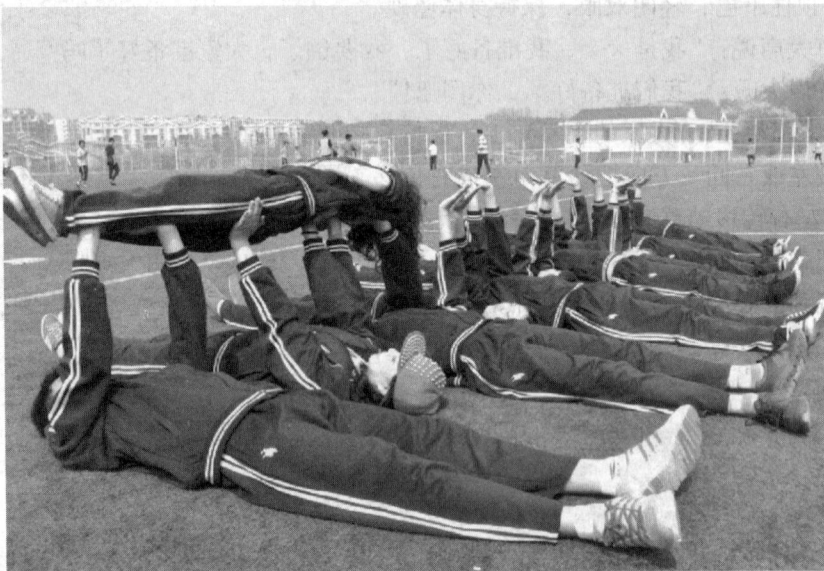

图9-30　卧式传递

回顾与分享：

① 通过合作完成传递后是否感到兴奋？

② 在托举别人和自己被托举时心理有变化吗？

人数：每队10人。

时间：20分钟左右。

器材：无。

4. 团队协作项目

团队是由团队成员和团队管理层组成的一个共同体，应该合理利用每一个团队成员的知识和技能协同工作，解决问题，达到共同的目标。协作是所有团队在活动中表现出的共同特点，越是成熟的团队其齐心协力的氛围越浓。

（1）坐地起身，如图9-31所示。

目标：让学生理解团队合作的重要性。

组织过程：

① 教师先安排每组4位同学背对背坐在地上围成一圈。

② 要求4位同学手臂互扣不得松开，然后让他们一同站起来。

③ 成功后逐渐增加人数。

图9－31　坐地起身

回顾与分享：

① 一个人坐在地上能够手不着地或借助物体站立起来吗？为什么4个人可以？

② 站起来的过程中团队成员如何做到协同一致？

③ 增加人数加大难度后，如何才能成功？

人数：可由4个人逐步增加。

时间：20分钟左右。

器材：无。

（2）飞毯，如图9－32所示。

目标：

① 消除学生之间的拘泥感。

② 激发学生的创新能力。

③ 培养学生的协作能力。

组织过程：

① 在规定的时间内，每组先派出4人，通过提供给各组的3块地毯（泡沫板或纸板），从起点开始到转折点后回到起点。

② 途中身体的任何部位都不能触及地面，回到起点后，换上其他同学，直到所有学生都完成。

安全监控：

① 保证场地较为平整、松软。

② 提醒学生将身上所有硬质物品放于整理箱内，特别是眼镜、手机等。

③ 一旦地毯不能使用，应及时更换。

图9-32　飞毯

回顾与分享：

① 你们是如何寻找到比较有效的方法既快又稳地前行的？

② 4名学生中有男有女，你们是怎么消除拘泥感和隔阂的？

人数：不少于8人。

时间：30分钟左右。

器材：30厘米×30厘米地毯或硬纸板10块。

（3）履带战车，如图9-33所示。

目标：

① 培养学生的动手能力，让每一位学生都参与自己团队"风火轮战车"的制作。

② 提高学生对事物，尤其是不熟悉的事物的认知和判断能力。

③ 学会规划，根据客观的环境条件完成被分配的任务。

④ 提高学生合理分工、团结协作和彼此检测试验等能力。

组织过程：

① 要求学生利用现有的报纸或其他纸张、透明胶带、剪刀等材料和工具，在20分钟内制作完成一副特制"履带"。这副"履带"也就是"风火轮战车"，要可以容纳全队学生，并且能"开动"起来。

② 设定比赛区域，当所有的"风火轮战车"上的学生都准备好以后，开始比赛。

③ 比赛过程中，所有人的脚不得触地，每触地一次则所在团队的"风火轮战车"被罚停10秒钟。如果中途有哪队的"风火轮战车"坏了，可以停下来修补，但是计时不会因此停止。

④ 教师在控制比赛的同时，保证现场的安全。

⑤ 教师随时注意观察和记录学生的表现，选择一两个具有代表性的事例记录下来，以

备分享和点评时用。

安全监控：

① 保证场地的平整、松软。

② 提醒学生将身上所有硬质物品放于整理箱内，特别是眼镜、手机等。

③ 注意安全，提醒学生不要随便乱丢乱放剪刀，严禁用剪刀对准人。所有材料及工具用后应及时归还教师。

④ 比赛结束后，提醒学生将用完的报纸和用后的"战车"丢到就近的垃圾桶，杜绝垃圾。

回顾与分享：

① 回想活动中是否出现过如下情况：报纸或者胶带不够用；剪裁报纸之后发现做出来的"风火轮战车"比想象的长很多，造成实际运动中团队由于履带太长而跑得很慢。

② 体会计划和操作的重要性，应充分、科学地利用团队各成员的长处，合理分工，各尽其责、各尽其能。

③ 比赛结束后，学生们进行心得交流，应强调各自不同的感受，避免重复。

人数：每组 10 人。

时间：45 分钟。

器材：剪刀 1 把、报纸 30 张、透明大胶带 2 卷。

图 9 - 33　履带战车

（4）不倒森林，如图 9 - 34 所示。

目标：

① 培养学生积极拼搏的态度。

② 考验学生的创新能力。

③ 培养学生之间协作和有效沟通的能力。

组织过程：

① 在比赛过程中全体学生必须围成一个符合要求的闭合圆圈，不得缩小半径，否则即使完成任务也将被视为无效。

② 在比赛中，全体学生必须右手持棒于右体前，同时都必须用右手去接棒，否则被视为违规。

③ 各组必须在规定的时间内完成，如未完成，则教师可以采取相应的惩罚措施。

图 9 - 34　不倒森林

安全监控：

① 保证场地的平整、松软。

② 提醒学生将身上所有硬质物品放于整理箱内，特别是眼镜、手机等。

③ 严禁学生用接力棒互相嬉戏、打闹。

回顾与分享：

① 一个人的成败决定了整个队伍的成败，是不是每个人内心的责任感都特别重？

② 出现倒棒时你做了什么样的调整？

③ 如果教师继续扩大圆圈半径，你们又会如何调整来面对这个情况？

人数：每组 10 人。

时间：30 分钟左右。

器材：高为 1.3 米的木棍 12 根、皮尺 1 卷。

（5）穿越电网，如图 9 - 35 所示。

目标：

① 让学生了解如何有效地认识、分配和利用资源。

② 学会科学地制定程序，明确分工。

③ 学习科学的团队工作方法，掌握"计划、执行、检查、行动"这一工作程序。

④ 使学生们通过身体的亲密接触增进交流，拉近彼此距离。

组织过程：

① 在足球场上设置一张"高压电网"。可充分利用足球门框，将特制的网固定在门框上。该网的可用网洞数一般为 n + 1 个（n = 学生人数），每个网洞仅容一人通过，且每个网眼只准使用一次。每个网洞被使用过后，队员应迅速用"封洞绳"将其封闭起来。

② 所有人不得在网的两侧帮忙送人，通过的人不可以来回帮忙。

③ 任何人、物体不得接触网，不得用任何工具随意改变网眼的形状，否则该网洞作废。

④ 学生们协作抬人穿越网洞时，被抬的学生应正面朝上。在放下被抬的学生时，为确保安全应先将其腿放下，然后将其身体扶正。

图 9 - 35　穿越电网

安全监控：

① 保证场地的平整、松软。

② 提醒学生将身上所有硬质物品放于整理箱内，特别是眼镜、手机等。

③ 教师要密切关注前两个和最后两个通过者。

④ 将通过者托起时，任何情况下不得松手或将其抛起。

⑤ 教师要注意站位，应始终站在人少的一边，以便腾出双手，时刻做好保护准备。

⑥ 注意保护参与者的安全，坚决制止违反安全规则的行为。

回顾与分享：

① 你在被搬运通过网洞的时候想了些什么？你的信任来自哪里？

② 你在做保护工作搬运同伴时是否有一种很强烈的责任感？

人数：每组 10 人。

时间：60 分钟左右。

器材：两头固定的 1.5 米 × 6 米的网 1 张，封网洞用绳若干根。

本章思考与练习题

1. 玩轮滑时应该注意什么？
2. 定向运动的分类有哪些？
3. 简述攀岩的基本要领。
4. 在野外应怎样选择营地？

参考文献

［1］游春栋，李明，陶弥锋．体育与健康［M］．北京：清华大学出版社，2006.

［2］林志超．高职体育与健康规划教程［M］．北京：北京体育大学出版社，2007.

［3］陈雁杨，李娜．高职体育理论教程［M］．北京：高等教育出版社，2007.

［4］姚鸿恩．体育保健学［M］．北京：人民体育出版社，2000.

［5］孙平．现代排球技战术教学法［M］．北京：北京体育大学出版社，2008.

［6］石建文，盛克庆．体育基础理论教程［M］．北京：北京大学出版社，2005.